Révolutionner l'assurance avec le métavers

Dans la même collection

Respecter les règles de la vente à distance des produits d'assurance
Esther Bendelac

Appliquer le RGPD dans l'assurance
Hugues Chamba, Nordine Benhatta

Les clauses essentielles du contrat d'assurance construction
Daria Belovetskaya, Juliette Mel

Guide de l'expertise automobile
Lionel Namin

Epargne salariale et actionnariat simplifié
Sonia Blondeau, Jean de Calbiac, Alexandre de Louvigny

Relever les défis de l'assurance dépendance
Édith Bocquaire

L'assurance inclusive
Marc Nabeth

Comprendre et conseiller la prévoyance collective
Laurence Chrébor, Julie Jacotot

Appliquer la data science à l'assurance
David Dubois, Aurélie Féderlé, Voahirana Ranaivozanany

Rémunération et protection sociale du dirigeant, mode d'emploi
Jean de Calbiac, Alexandre de Louvigny

Le contrôle des distributeurs d'assurance et produits financiers, ACPR - AMF - CNIL
Isabelle Monin Lafin

Distribution et gouvernance des produits d'assurance
Laëtitia Lafaille et Axel Vigneron

Engins de déplacement personnel motorisés
Jean-Baptiste le Dall, Fabien Romey

Lutter efficacement contre le blanchiment des capitaux
Aziz Belayachi, Mylène Bureau

L'éthique des affaires dans l'assurance
Cédric Duchatelle

Fonctionnement et spécificités des mutuelles
Thi-Ly Nguyen, Adrien Le Mauviel

Comprendre et conseiller la retraite supplémentaire
Norbert Gautron, Stéphane Frey

Comprendre et intégrer la révolution Assurtech
Luc Bigel, Hamza Akli

Révolutionner l'assurance avec le métavers

Anouk Bara • Emmanuel Moyrand
Pierre Paperon • Alexandre Rispal

L'ARGUS
de l'assurance
ÉDITIONS

Photo de couverture : Adobe Stock

ISBN papier : 978-2-35474-443-4
ISBN numérique : 978-2-35474-444-1
ISSN : 2606-3697

« Même s'il a été initialement commercialisé comme un nouveau type de jeu en ligne massivement multijoueur, l'OASIS s'est rapidement transformée en un nouveau mode de vie. »

Wade Owen Watts, Ready Player One

« Le métavers est la révolution industrielle de demain. »

Yves Guillemot, Ubisoft

« Le gaming ne remplace pas seulement les anciens jeux, mais aussi la télévision et Netflix. »

Daniel Li, Madrona

Auteurs

Anouk Bara

Diplômée de Kedge Business School Bordeaux et du MBA de Management Général de l'ESSEC. Dirigeante, mentor et accompagnatrice du développement de startups, scaleups et PMEs. Experte de l'assurance, secteur au sein duquel elle intervient depuis plus de 16 ans. Elle a notamment été directrice financière de la filiale d'assurance grands risques d'un groupe français international, un des leaders mondiaux de l'assurance.

Emmanuel Moyrand

Diplômé de l'école du Louvre, titulaire d'un DEA de droit public et gemmologue ING expert agréé FUEDI en diamant et objet d'art pour les assureurs. Fondateur et ancien CEO de Monuma, co-fondateur et membre du bureau Insurtech France, co-fondateur et vice-président de France Meta. Co-fondateur et directeur général du Metaverse College Formation Continue. Consultant et Metaverse strategist pour les grands groupes sur Blockchain, NFT et Web3.

Pierre Paperon

Ingénieur diplômé des Arts et Métiers et du MBA de HEC. Ancien consultant et directeur général dans de multiples sociétés : McKinsey, Havas, Apple, Groupe Danone, Lastminute.com... Depuis 8 ans, il conseille gouvernements et sociétés pour l'utilisation des blockchains, des NFTs (patrimoine, cinéma, grands crus classés, pommes de terre, time sharing, stades de foot…) et du Web3. Il a créé l'association France Meta qui compte 1 200 membres.

Pierre a été officier sous-marinier sur Le Redoutable.

Alexandre Rispal

Diplômé de Sciences-Po Lille et Doctor of Business Administration. Co-fondateur et ancien CEO de Moonshot-Insurance, co-fondateur d'Insurtech France et secrétaire général, co-fondateur et vice-président de CyclingTech France, co-fondateur de Sorius Cycling Coach, membre du Comité Scientifique du Metaverse College Formation Continue. Consultant, conférencier et enseignant assurance, fintech, métavers. Auteur de plusieurs ouvrages sur le marketing, les médias sociaux et les transformations technologiques.

Introduction

Le métavers, nouvelle terre promise

Le métavers est partout depuis un an et l'annonce du changement de nom de Facebook en Meta en octobre 2021. Mode ou opportunité réelle, telle est la question que nombre d'acteurs de l'assurance cherchent à éclaircir. Il est vrai que le terme est flou, à la frontière entre science-fiction, technologie et opportunités réelles.

Aujourd'hui, deux camps s'opposent en termes de perception des métavers.

D'une part, les optimistes, qui idéalisent et sont persuadés que le monde peut devenir meilleur grâce à cette nouvelle technologie et que l'on pourra sauver la planète et l'économie mondiale grâce à elle.

D'autre part, les pessimistes, qui pensent que le monde court à sa perte en se déshumanisant, ce qui accentuerait les divisions autour du virtuel et la séparation Nord-Sud.

En analysant un tant soit peu le processus, à l'aune de l'Histoire avec un grand H, nous constatons qu'à chaque révolution industrielle, ces sentiments émergent et qu'ils témoignent de la force des évolutions sociétales en cours. Comme l'a si bien résumé Arthur Schopenhauer, « Toute vérité franchit trois étapes : d'abord, elle est ridiculisée, ensuite elle subit une forte opposition, puis elle est considérée comme ayant toujours été une évidence ».

Les milliards investis et la multiplicité des cas d'usage font de la compréhension du phénomène métavers un incontournable pour tous les acteurs de l'assurance : organismes de formation, sociétés de *consulting*, courtiers, assureurs, réassureurs, « insurtechs » et agents généraux. Distinguer l'utile de l'accessoire, avoir la capacité de formuler une stratégie et de l'exécuter, tel est l'objectif de cet ouvrage.

Si cela vous donne envie de porter le sujet du métavers dans votre entreprise, de proposer des projets voire d'entreprendre (nous vous donnons quelques clés dans la dernière partie), d'approfondir ce sujet qui évolue de jour en jour, de rejoindre des groupes de réflexion ou d'association... alors l'objectif de cet ouvrage sera atteint.

Le métavers, une accélération du temps

L'accélération technologique se poursuit depuis les premières révolutions industrielles. BlackRock, le fonds international de *private equity* a analysé cette tendance au travers d'une synthèse d'un siècle d'adoption des technologies aux États-Unis. La tendance qui saute aux yeux est cette verticalisation ou adoption de plus en plus forte des technologies, quelles qu'elles soient. Il a fallu 40 ans pour l'adoption en masse de la voiture, de l'électricité ou du téléphone, une vingtaine d'années pour l'internet, 10 ans pour le *smartphone*, 5 ans pour les tablettes... et la vitesse d'adoption estimée est encore plus forte pour les métavers ou le Web3.

Cette accélération est explicable par l'attractivité économique de ce nouveau secteur : l'estimation du marché ressemble à s'y méprendre à celle que l'on pouvait faire du World Wide Web en 2000 et les projections sont de 800 milliards de dollars en 2024 selon Bloomberg. McKinsey prévoit dans son rapport sur la création de valeur dans le métavers un marché de 5 000 milliards de dollars (soit presque le PIB de la France) pour 2030. L'autre explication de cette accélération pour les métavers et la technologie *blockchain* est simple : pour la première fois dans l'histoire de notre civilisation, une technologie permet de fabriquer sa propre monnaie et a donc rendu possible un auto-financement en 2017-2018 à hauteur d'une trentaine de milliards de dollars, ce qui est, à titre de comparaison, largement supérieur aux budgets de la DARPA (Defense Advanced Research Projects Agency) qui a été à l'origine de l'internet et encore plus à tout financement de recherche et développement (R&D) venant d'un investisseur privé.

Ces chiffres peuvent surprendre, mais c'est bien le même phénomène qui s'est produit il y a une vingtaine d'années : en janvier 2000, l'internet n'en est qu'à ses débuts avec 300 millions d'utilisateurs. Cela est aujourd'hui comparable aux possesseurs de *wallets* (ou portefeuilles numériques). En effet, les projections sont d'un milliard de *wallets* d'ici à la fin de cette année et de 2 milliards de *wallets* fin 2023, soit un rythme trois fois plus rapide que celui de l'internet, qui confirme cette pente de plus en plus raide d'adoption des technologies.

C'est bien l'aube d'un changement de paradigme massif : un avenir que l'on peut qualifier d'hybride tant il va combiner réel et virtuel, avec l'exploration de multiples solutions intermédiaires comme la réalité augmentée (AR).

Ces métavers sont une révolution de plus qui est en marche et ouvre la voie à de nouveaux comportements, de nouveaux marchés et des potentiels économiques conséquents. On peut comparer le changement de paradigme apporté par les métavers à celui de la Renaissance florentine qui a fait sortir les moines des monastères pour les propulser dans la perspective de Brunelleschi.

Le métavers, au confluent de multiples sources technologiques

Les technologies autour de la 5G, de la réalité virtuelle, du e-sport arrivent toutes aujourd'hui à maturité et permettent l'avènement rapide du métavers. En effet, on assiste depuis 2020 à une montée très rapide, dans l'ensemble des sports virtuels (MOBA, FPS, RTS, Zwift), du volume et de la qualité des inscrits et des compétitions, qui constituent de réels moments de vie sportive.

De plus, les progrès des AR, VR (réalité virtuelle) et maintenant XR (réalité étendue) sont en train de faire basculer une génération dans le gaming immersif. Enfin, l'impact de la 5G puis, bientôt, de la 6G, ouvre aux métavers une capacité de connexion, partout et sans contraintes : un espace méta qui est mobile, ne s'arrêtant jamais. C'est ce qui explique que le métavers évolue de manière exponentielle.

Les métavers, une orthographe pas encore stabilisée

Le mot « métavers » vient de la contraction des mots : méta (du grec, « après, au-delà ») et univers. La création et la première utilisation du terme a été faite dans le roman Snow Crash, écrit en anglais, donc avec l'orthographe « metaverse ». La traduction mot à mot, ou plus précisément la duplication de la création, donne donc en français le mot « métavers » contraction de « méta » et de « univers ». Mais le choix orthographique n'est pas encore totalement figé, les mots « metaverse », « metaverses », « métaverse » et « métaverses » étant aussi utilisés dans nombre d'articles et de livres. En général, un choix est fait au début. Ce n'est pas notre cas et vous verrez les différentes orthographes dans ce livre. Cette phase a aussi, curieusement, été celle de la blockchain où la tentative a été faite de normaliser la terminologie « chaîne de blocks » pour finalement revenir à l'anglais « blockchain » comme norme d'usage.

Nous reviendrons un peu plus loin sur la définition ou plutôt les définitions possibles des métavers en fonction du regard ou du niveau auquel on se situe. Une définition simple pour l'instant peut être :

Le métavers est une représentation virtuelle d'une réalité dans laquelle vous avez la possibilité de vous déplacer, d'agir sur l'environnement et d'interagir avec d'autres personnes.

Les illustrations les plus courantes actuellement en sont les jeux comme Fortnite, Roblox ou Minecraft, qui rassemblent plus de 500 millions de personnes tous les mois sur leurs plateformes. Les débuts plus professionnels ont été les événements et salons virtuels dont l'accélération s'est produite avec la crise de la Covid-19.

Sommaire

I. Comprendre l'avènement du métavers

1. Une fiction sortie de l'imaginaire d'auteurs, cinéastes ou la simulation d'un monde réel

1.1 Les origines littéraires et opérationnelles

La première évocation d'un monde virtuel remonte à 1935 par l'écrivain Stanley Weinbaum, dans une nouvelle publiée dans le magazine de sciences-fictions *Wonders Stories* et intitulée « Les lunettes de Pygmalion » (« Pygmalion's spectacle »). Le personnage principal se trouve ici plongé dans un monde virtuel après avoir endossé des lunettes qui influent sur ses cinq sens.

En 1968, Daniel F Galouye va plus loin dans *Simulacron 3*. Il imagine un monde virtuel numérique, surnommé le Simulateur, où les personnages, au nombre de 10 000, sont appelés « unités identitaires ». Aujourd'hui, ces unités identitaires seraient nommées « avatars ». Le livre commence par un coup de théâtre, où le chef de la sécurité de l'institut de recherche en cybernétique et futurologie disparaît subitement au milieu d'une réception alors qu'il venait de s'entretenir avec le Docteur Stiller, fraîchement nommé à la tête du projet Simulacron, un programme de réalité virtuelle. Stiller s'en inquiète, mais personne autour de lui ne comprend de qui il parle. Il mènera son enquête et découvrira qu'il vit lui-même dans un monde virtuel.

Si l'imagination de nos auteurs a depuis longtemps fait émerger le concept de monde virtuel, il faut attendre 1992 pour que le terme « métavers » apparaisse. Il a été inventé par le visionnaire Neal Stephenson dans son roman *Snow Crash*, paru en 1992 aux États-Unis et traduit en français sous le titre *Le Samouraï virtuel* en 1996. C'est la contraction de méta (du grec, « après, au-delà ») et d'univers. Dans cette fiction, un livreur s'évade de son monde aliénant, en surfant dans un métavers où il se perd en enfilant des lunettes immersives.

Illustration 1 - source : Azteq.

Illustration 2 - source : Azteq.

D'un point de vue plus utilitaire et opérationnel, le pionnier qui a posé dès 1997 les fondements des communautés virtuelles est Deuxième Monde, entreprise française lancée par Canal Plus. Il fut le premier logiciel d'immersion dans une réalité virtuelle permettant de voyager dans un Paris virtuel en trois dimensions, dans lequel les utilisateurs formaient l'une des premières communautés virtuelles françaises dont les membres se surnommaient « les Bimondiens ». On y accédait alors via un moyen suranné, l'antique CD ROM et son quart d'heure de chargement, pour parvenir à un espace de communication virtuel réaliste, où l'on trouvait des espaces de travail, d'achats en boutiques ou bien encore des espaces publicitaires.

La seconde tentative, qui existe toujours en 2022, est le bien connu Second Life lancé en 2003 par Philip Rosedale : le concept d'identité numérique spécifique est mis en place dans un monde qui permettait déjà d'avoir une autre identité et qui appartient à ses utilisateurs. À la différence de Deuxième Monde qui a fermé en 2001, Second Life est toujours actif et compte 73 millions d'inscriptions depuis sa création et près de 200 000 utilisateurs par jour, soit environ un million d'utilisateurs chaque mois, et compte 650 millions de transactions par an.

1.2 Le cinéma s'empare du monde virtuel

En 1978, Tron a jeté les bases de la réalité quittée pour aller s'affronter dans des univers parallèles et virtuels : la course de moto ou la bataille de frisbees sur des plateaux suspendus dans le vide est dans toutes les mémoires des adolescents de l'époque. Plus récemment, inspiré du roman Player One d'Ernest Cline publié en 2011, le film *Ready Player One* de Steven Spielberg, sorti sur les écrans en 2018, présente un monde virtuel idéal dans lequel les personnages s'immergent pour fuir une réalité maussade, désespérante et sans perspective.

En 2045, la planète frôle le chaos et s'effondre. Les gens trouvent du réconfort dans l'OASIS, un monde virtuel créé par James Halliday. Lorsque ce dernier meurt, il promet son immense fortune à la première personne qui découvrira un œuf de Pâques numérique caché dans l'OASIS. Quand le jeune Wade Watts se joint au concours, il devient un héros improbable dans une chasse au trésor qui traverse des mondes fantastiques pleins de mystères, de découvertes et de dangers.

C'est un monde virtuel plus excitant qui vient complémenter un monde réel : les fondements du métavers sont posés. Ce monde dystopique est quelque peu sombre à nos yeux, mais le pari de Spielberg est réussi : il nous immerge dans un monde d'un demain possible.

1.3 Être ou ne pas être une simulation, sous-jacent conceptuel du métavers

Selon Elon Musk, *Chief Executive Officer* de Tesla, nous vivons très probablement dans une simulation informatique similaire au film Matrix lorsque le héros Néo découvre qu'il est enfermé dans une boucle numérique virtuelle avant de prendre une pilule libératrice proposée par Morpheus.

En cela, Elon Musk reprend la théorie formulée en 2003 par le Docteur Nick Bostrom, Professeur à l'université d'Oxford, dans son *Simulation Argument Paper,* selon laquelle des membres d'une civilisation avancée, voire post-humaine, dotée d'une immense puissance informatique, auraient la capacité de réaliser des simulations humaines tout à fait réalistes et pourraient choisir de lancer des simulations de leur passé. Dans ces conditions, il est probable que nous fassions partie des humains simulés par opposition aux humains authentiques.

L'argument de la simulation selon Bostrom est fondé sur les trois hypothèses suivantes, dont l'une au moins est vraie :

(1) La maturité technologique ne peut pas être atteinte ; il est très probable que l'humanité n'atteindra pas un stade post-humain à cause de sa capacité à s'auto-détruire ;

(2) La maturité technologique peut être atteinte mais aucune civilisation l'ayant atteinte ne s'en sert pour créer des simulations de conscience en grand nombre ;

(3) Il est quasi certain que nous soyons des simulations informatiques.

Les conséquences de cet état de simulation de Nick Bostrom viennent de la preuve à apporter que si (1) et (2) sont faux, alors il s'en suit que (3) « Il est quasi certain que nous soyons des simulations informatiques » est vrai.

Selon le Docteur Bostrom, d'après ce que nous savons aujourd'hui, nous devons attribuer aux trois scénarios des probabilités qui sont loin d'être nulles. De fait, Bostrom estime que la probabilité du scénario (3) est loin d'être négligeable. Il lui semble irrationnel d'estimer cette probabilité inférieure à 20 %. Cette démonstration offre une réflexion théorique académique et philosophique sur le métavers et constitue, en ce sens, un sous-jacent conceptuel au métavers.

2. Les évolutions technologiques en support du métavers

Comme on peut le constater, le sujet ne se limite pas à l'impact technologique ou business mais irrigue toutes les disciplines académiques ainsi que la Pop Culture.

DAO, DeFi, Web3, NFT, *level* 2, DLT, *mint,* DT... Le nombre d'acronymes, de plus en plus utilisés depuis 2020, est en croissance forte. Une dynamique est à l'œuvre, les impacts économiques et sociétaux sont forts, les opportunités professionnelles multiples, les questionnements éthiques pléthores, les réflexions philosophiques innombrables... Tentons de construire un chemin de découverte et d'alignement de tous ces points-là pour projeter quelques directions et bouleversements possibles.

2.1 La ou plutôt les blockchains

La *blockchain* est une technologie en gestation depuis la création du premier bloc du *bitcoin* le 3 janvier 2009, il y a seulement 13 ans.

Le document originel est le « White Paper », ou Livre blanc, du 31 octobre 2008 parlant d'un protocole de transmission d'argent d'une personne à une autre sans passer par une autorité centrale comme une banque.

Il est fondateur à de multiples titres et contient tous les germes des solutions participatives et collaboratives qui se mettent en place à base de technologies. L'idée germinale est simple : la banque Lehmann Brothers a fait faillite, mais c'est bien l'État qui a failli derrière elle, l'État qui, au travers de la monnaie « fiduciaire », est le garant de la confiance que l'on peut avoir dans tout le système économique. Satoshi Nakamoto, pseudonyme désignant probablement Nick Nzabo ou un groupe de « libertarians », écrit, entre le 15 septembre 2008 et le 31 octobre de la même année, ce *white paper* qui propose la méthode tant recherchée pour parvenir à faire de manière robuste un transfert d'argent de personne à personne.

Le premier bloc naît le 3 janvier 2009. À cette époque, bien peu de personnes l'utilisent, un millier. Le décollage se fait de manière progressive, avec quelques accélérations notoires, notamment lors de l'acceptation par Wordpress (édition de site en *open source*) du paiement en *Bitcoin*. (Voir illustration 3 page suivante).

Il faut bien comprendre que la *blockchain* est un concentré de multiples technologies, datant pour la plupart des années 1970 aux années 1990, qui ont été fusionnées par le protocole *blockchain Bitcoin* de 2008. (Voir illustration 4 page suivante).

Le *bitcoin* devient donc un moteur de P2P, ou peer-to-peer, qui reprend l'esprit de Napster (téléchargement de musique illégal lancé au début des années 2000 par Sean Parker, qui deviendra par la suite le premier président de Facebook, devenu Meta) mais pour de la transmission certifiée et pas seulement du partage.

La confiance, fortement centralisée depuis des siècles, devient distribuée au travers de la *blockchain*. Les tiers de confiance se multiplient d'une manière exponentielle à la surface de la planète : ce sont les fameux mineurs. Et curieusement, cette confiance distribuée se nomme *trust-less* en anglais... formule qui est plus radicale, défiant les institutions en place qui portaient cette confiance (avec le « fiduciaire » en conséquence). La *blockchain* est par essence libertaire, au sens apporté par le philosophe Robert Nozick en proposant un contre-modèle de société : la vision pyramidale est remplacée par une organisation à plat, sans centre clairement défini, et avec des règles plus ou moins précises de fonctionnement que l'on appelle aussi, dans toute mise en place d'un protocole *blockchain*, une constitution.

Bitcoin: A Peer-to-Peer Electronic Cash System

Satoshi Nakamoto
satoshin@gmx.com
www.bitcoin.org

Abstract. A purely peer-to-peer version of electronic cash would allow online payments to be sent directly from one party to another without going through a financial institution. Digital signatures provide part of the solution, but the main benefits are lost if a trusted third party is still required to prevent double-spending. We propose a solution to the double-spending problem using a peer-to-peer network. The network timestamps transactions by hashing them into an ongoing chain of hash-based proof-of-work, forming a record that cannot be changed without redoing the proof-of-work. The longest chain not only serves as proof of the sequence of events witnessed, but proof that it came from the largest pool of CPU power. As long as a majority of CPU power is controlled by nodes that are not cooperating to attack the network, they'll generate the longest chain and outpace attackers. The network itself requires minimal structure. Messages are broadcast on a best effort basis, and nodes can leave and rejoin the network at will, accepting the longest proof-of-work chain as proof of what happened while they were gone.

1. Introduction

Commerce on the Internet has come to rely almost exclusively on financial institutions serving as trusted third parties to process electronic payments. While the system works well enough for most transactions, it still suffers from the inherent weaknesses of the trust based model. Completely non-reversible transactions are not really possible, since financial institutions cannot avoid mediating disputes. The cost of mediation increases transaction costs, limiting the minimum practical transaction size and cutting off the possibility for small casual transactions, and there is a broader cost in the loss of ability to make non-reversible payments for non-reversible services. With the possibility of reversal, the need for trust spreads. Merchants must be wary of their customers, hassling them for more information than they would otherwise need. A certain percentage of fraud is accepted as unavoidable. These costs and payment uncertainties can be avoided in person by using physical currency, but no mechanism exists to make payments over a communications channel without a trusted party.

What is needed is an electronic payment system based on cryptographic proof instead of trust, allowing any two willing parties to transact directly with each other without the need for a trusted third party. Transactions that are computationally impractical to reverse would protect sellers from fraud, and routine escrow mechanisms could easily be implemented to protect buyers. In this paper, we propose a solution to the double-spending problem using a peer-to-peer distributed timestamp server to generate computational proof of the chronological order of transactions. The system is secure as long as honest nodes collectively control more CPU power than any cooperating group of attacker nodes.

Illustration 3 - source : France Meta.

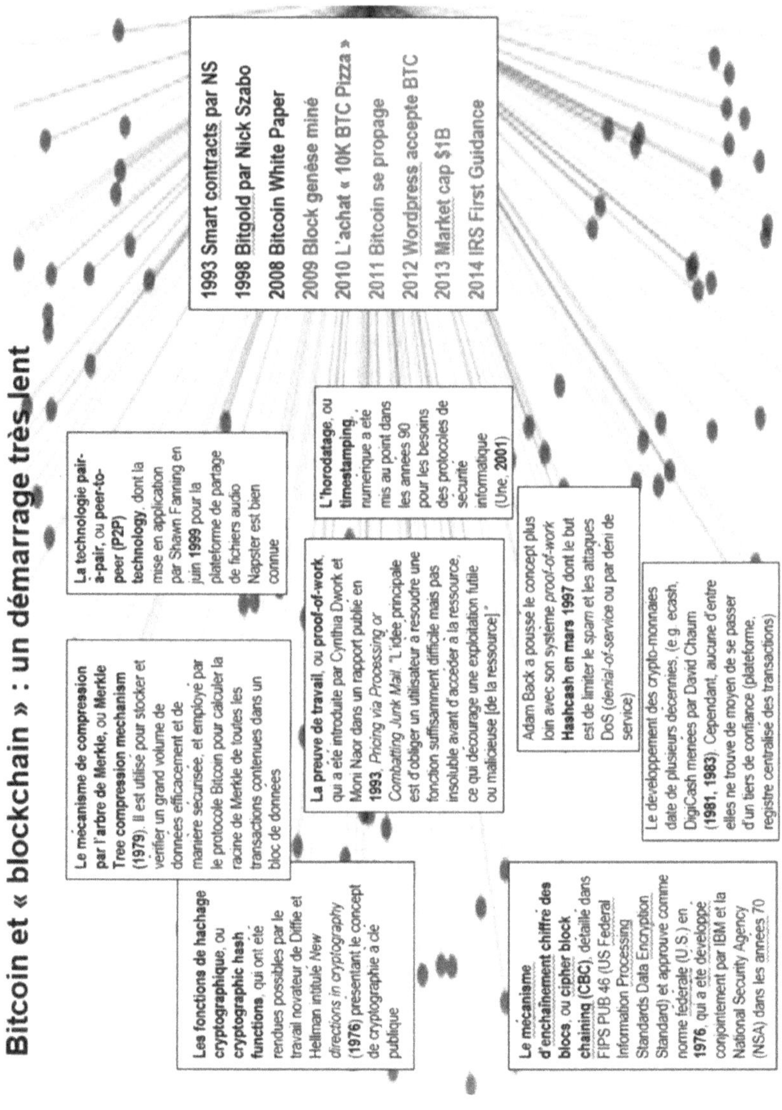

Illustration 4 - source : France Meta.

Pour faire simple, la *blockchain* est le principe de la chaîne de blocs, où l'information est chiffrée puis vérifiée par l'ensemble des mineurs pour aboutir à une donnée certifiée et authentifiée. C'est ce qui permet ce tiers de confiance numérique distribué où les données digitales, non modifiables, peuvent être produites devant l'ensemble des autorités et tribunaux si nécessaire : un huissier numérique en quelque sorte.

La compréhension du fonctionnement de la plateforme *bitcoin,* cette usine à fabriquer de la confiance est importante : c'est la clé de voûte de l'ensemble de l'édifice et il permet d'en mieux comprendre la solidité et de percevoir pourquoi cette information chiffrée répartie sur des millions d'ordinateurs permet de garantir une immutabilité et inviolabilité démontrée depuis maintenant les débuts du *bitcoin*.

Un schéma permet de mieux comprendre les étapes suivies pour la validation d'une transaction (ce fameux transfert de fonds) d'une personne à une autre. En synthèse : chaque transaction est chiffrée puis assemblée sous forme de bloc. Le chiffrement de ce bloc est le résultat des caractéristiques additives du mode de chiffrement utilisé et permet de créer un puzzle à résoudre le plus vite possible. Ce puzzle est envoyé à des millions d'ordinateurs qui essaient toutes les solutions. Le premier qui trouve gagne actuellement 6,25 *bitcoins*. Si le résultat est confirmé, alors cette information ou plutôt les environ 2 000 transactions du bloc sont envoyées à tous les mineurs. Quelques minutes plus tard, le même processus recommence mais en incluant les transactions qui viennent d'être validées à l'intérieur des nouvelles transactions. C'est ainsi qu'un mécanisme proche des « poupées russes », ou gigognes, est mis en place et renforce, ou même garantit, l'immutabilité de l'information : six niveaux d'inclusions, toutes les heures, soit tous les jours 6 fois 24 heures... et cela remonte au bloc genèse du 3 janvier 2009. Cela peut paraître anecdotique mais l'immutabilité et la solidité de cette nouvelle finance viennent de là. (Voir illustration 5 ci-contre).

Si le principe en est établi et utilisé dès 2009, ce n'est qu'en 2015 qu'apparaît le mot « *blockchain* ». C'est Gavin Wood et Vitalik Buterin qui créent Ethereum et la monnaie Ether sur le même principe mais en augmentant la capacité mémoire incluse dans chaque transaction : autrement dit, *Bitcoin* était là pour transférer des fonds du portefeuille d'une personne à celui d'une autre personne, Ethereum va permettre de transférer de l'information et surtout de certifier ce transfert et ce qui a bien été transféré. La voie est ouverte pour créer des documents ou jetons digitaux, qui sont autant de titres de propriété ou droits qui peuvent être échangés. Un mot fait florès à ce moment-là, c'est « smart contract » : ce n'est plus simplement un titre ou droit, mais un programme informatique exécutable qui est intégré dans l'espace de la transaction.

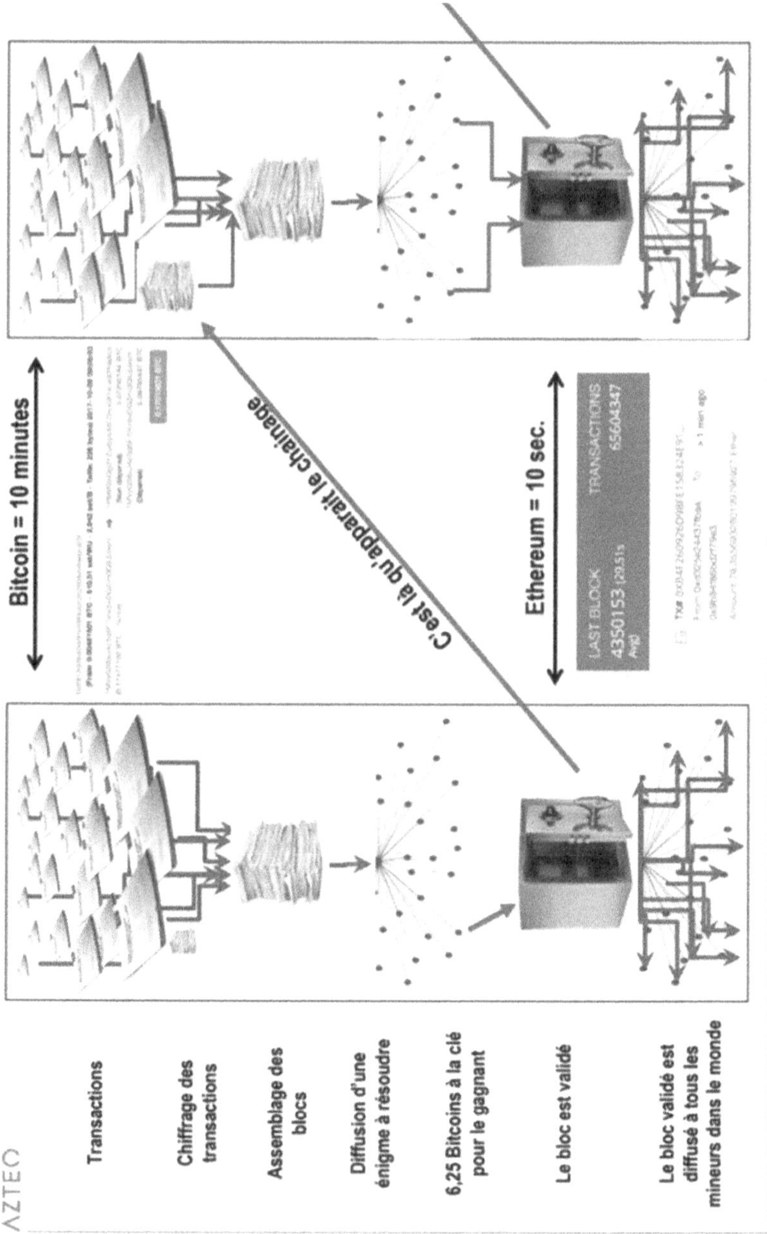

Illustration 5 - source : France Meta / Azteq.

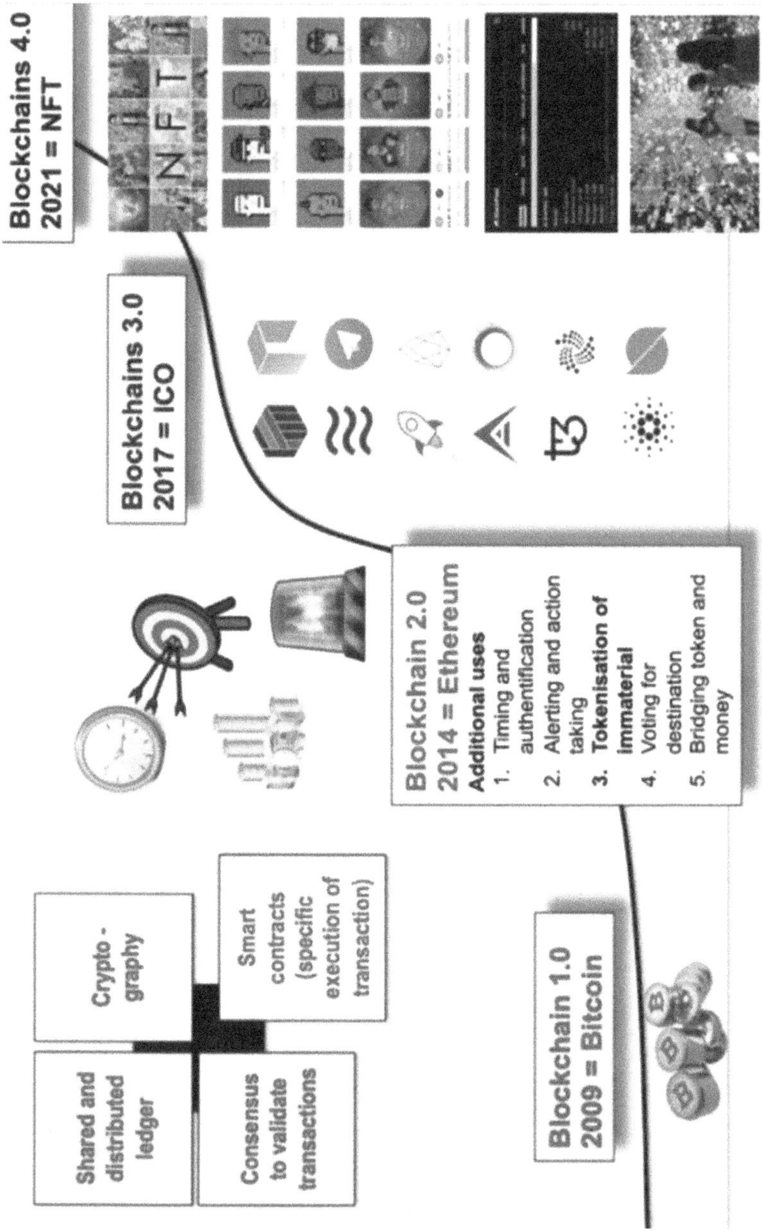

Illustration 6 - source : France Meta lors d'une présentation *Blockchain* HEC.

2.2 Quatre étapes de développement des technologies *blockchain*

Une application de ces nouvelles possibilités se fait rapidement pour les levées de fonds avec environ 20 000 ICOs (Initial Coin Offering), 5 000 cryptomonnaies et une trentaine de milliards de dollars levés en l'espace de deux ans. Même si seulement 10 % des projets sont menés à terme (40 % ne sont pas viables d'un point de vue technologique, de par les faibles capacités du réseau, 50 % sont des arnaques pures et simples avec disparition des fondateurs), la manne financière ouverte permet à une technologie, pour la première fois dans l'histoire, de s'autofinancer et de donner naissance à une trentaine de *blockchains* qui sont aujourd'hui encore en compétition, avec les courbes ascendantes et descendantes que l'on connaît comme pour toutes les révolutions en marche. (Voir illustration 6).

Résumons ici les quatre étapes que la *blockchain* a suivies et qui permettent le développement du métavers d'aujourd'hui :

1. La *blockchain* 1.0 de 2009, fondée sur le *Bitcoin* où l'ensemble des principes de cryptographie, *ledger* distribués et de consensus de validation ont été unifiés pour émettre cette nouvelle cryptomonnaie alternative et les enregistrements certifiés décrits ci-dessus.
2. La *blockchain* 2.0 de 2014 a étendu les usages grâce à Ethereum, via les *smart contracts*, la tokenisation des immatériels, les droits de vote, la rendant ainsi opérationnelle pour de très nombreux actes de la vie quotidienne.
3. La *blockchain* 3.0 de 2017 a permis l'interopérabilité des *blockchains*, qui ont pu se parler entre elles, créer des échanges d'informations et mettre en place les systèmes des ICOs dont nous reparlerons par la suite.
4. La *blockchain* 4.0 de 2021 a permis, via la mise en place et le développement fulgurant du véhicule NFT, la structuration des actifs numériques au sein du Web3 et les cas d'usage que nous allons décrire ci-après.

Illustration 7 - source : France Meta.

Aujourd'hui décrié pour sa consommation considérable d'énergie, le *Bitcoin* s'appuie sur le principe de « Proof of Work » (PoW), aussi appelé « Preuve de Travail » dans la langue de Molière. Comme vu précédemment, c'est la résolution du puzzle par un grand nombre d'ordinateurs détenus par des mineurs qui apportent la certitude de la validité des transactions. Cependant, tous les ordinateurs au travail sont des modèles très spécifiques qui consomment chacun environ 2 kW et environ 1 kW pour du refroidissement (exemple du Antminer S19 fabriqué par Bitmain). Pris individuellement, cela semble dérisoire à l'échelle de la planète. En revanche, quand ce sont trois millions de mineurs qui « travaillent » pour gagner les 6,25 *bitcoins* accordés toutes les 10 minutes, on arrive à une anomalie pour ne pas dire une aberration écologique. En effet, 3 kW multipliés par trois millions conduit à un chiffre de 9 000 MW -ou 9 GW...- ce qui correspond à dix centrales nucléaires. À comparer avec les cinquante-six réacteurs français (dont plus de la moitié seront arrêtés en cette fin d'année 2022).

De multiples solutions ont été trouvées pour pallier cet inconvénient, acceptable à petite échelle, insoutenable pour une généralisation des usages. Par exemple, l'équipe en charge de la gestion de la plateforme *Bitcoin* a développé l'application *Lightning* qui, pour faire simple, valide fortement une première transaction entre deux acteurs, et de manière bien plus légère lors de la seconde. La consommation énergétique est de l'ordre de 20 000 fois moindre. C'est un pas énorme vers l'adoption de masse en cours et redonne des couleurs vertes au *Bitcoin* à condition que les sources d'énergie utilisées soient bien renouvelables.

Une autre solution, moins solide et plus perméable à la manipulation et aux hacks est le « Proof of Stake » (PoS) ou « Preuve d'Enjeu ». C'est ce que la fondation Ethereum a mis en place le 19 septembre 2022 sous le nom de code « Merge ». Le minage disparaît et ce sont des acteurs qui possèdent les nœuds de validations des transactions. En achetant ce nœud de validation, l'argent est séquestré... et perdu en cas de mauvaise validation ou de tricherie. L'estimation du gain énergétique par le PoS est de l'ordre de 1 000. Il présente cependant avec une sécurité moindre.

2.3 La tokenisation du monde est en marche

À côté de ces vagues de crêtes, un courant de fond s'est mis en place avec la tokenisation du monde, l'établissement d'usines pour produire facilement des jetons ou *tokens* qui sont des actifs digitaux ou *digital assets.* Animaux très étranges à leur arrivée, classés en fonction de leur finalité et promesse (utilitaire ou financière), ils peuvent être, soit une part d'entreprise ou *security token* (financier), soit un e-billet de théâtre sous la forme d'un *utility token* (utilitaire).

La tokenisation du monde a commencé en 2015 avec les nouvelles possibilités offertes par Ethereum et s'applique à tous les secteurs, avec les fonctions maintenant facilement accessibles de la *blockchain* : authentification, certification, fabrication d'actif digital, transmission d'actif, mise en bourse de ces actifs digitaux… (Voir illustration 8 page suivante).

La *blockchain* ouvre donc sous nos pieds de nouvelles frontières que le schéma ci-après explicite bien.

On peut mettre dans la *blockchain* des *inputs* qui en sont, en quelque sorte, la matière première à travailler par le système :

- des documents de toutes sortes (PDF, Microsoft Word, etc.) ;
- des films et des photos sous tous les formats ;
- des horodatages ;
- des géolocalisations ;
- des transactions de toutes natures, financières ou non ;
- des actifs immatériels (brevets, actes) ;
- des actifs matériels (serveurs, véhicules, etc.) ;
- des conditions d'exécution ;
- des durées d'utilisation.

L'usine de production qu'est la *blockchain,* via ses différentes plateformes, permet une production d'*outputs* ou produits finis comme :

- la certification de produits, luttant contre la contrefaçon, permettant la traçabilité des actifs depuis l'idée jusqu'à votre assiette, ou votre salon ;
- la DeFi (decentralized finance) permettant l'automatisation des prêts, des emprunts, des rémunérations ;
- la DAO (decentralized autonomous organization) permettant la mise en place du droit de vote automatisé via des *tokens* fondés sur la *blockchain* ;
- des jetons ou *tokens* que nous illustrerons via les NFTs ;
- des NFTs immobiliers ou actifs numériques dans les métavers.

En résumé, la *blockchain* ouvre des perspectives assez proches de ce qui s'est passé grâce à Leibniz et son calcul infinitésimal. La dimension forte est la tokenisation : elle se propage à tous les secteurs en découpant de plus en plus finement les actifs réels. Le parallèle peut être fait avec l'immobilier : la vente des immeubles, courante au 18e siècle, s'est peu à peu transformée en vente par appartement. C'est une étape de plus qui est maintenant franchie par des ventes au cm^2 ou bien des partages qui sont faits dans le temps.

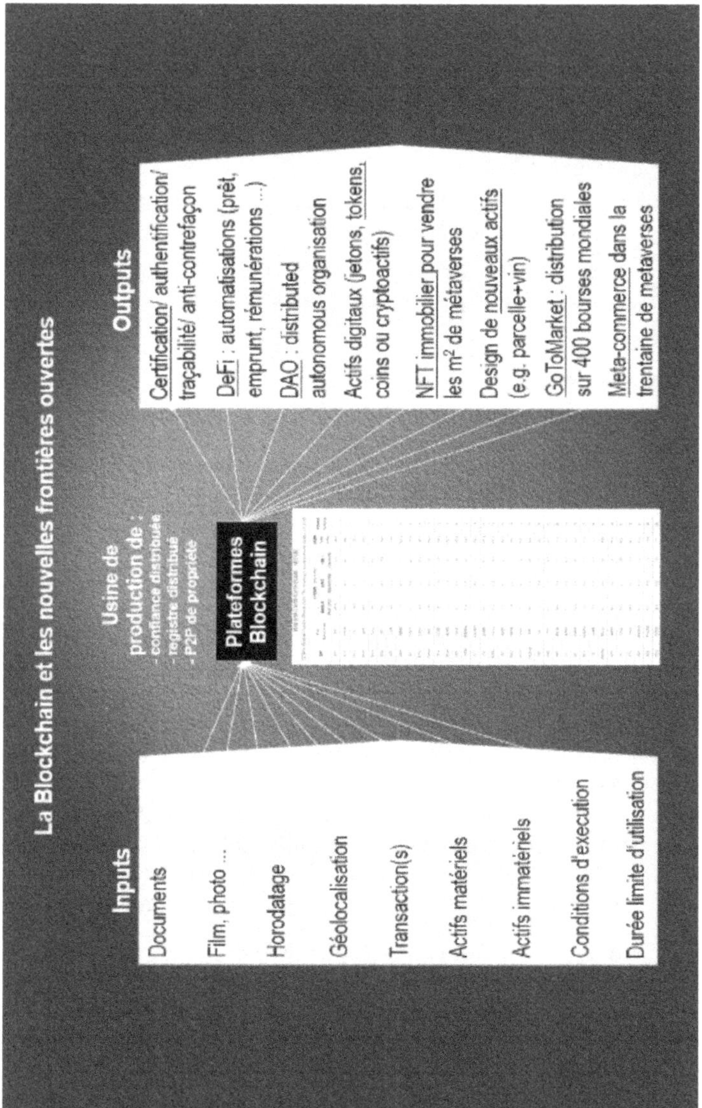

Illustration 8 - source : France Meta.

3. Le token dans la comptabilité et la naissance des NFTs

Les *tokens* sont vite apparus comme l'outil fondamental du mécanisme des métavers en 2017, avec en contrepartie un problème d'instabilité majeur des valeurs et une non régulation de tout le secteur. Des échanges avec le ministère de l'Économie en 2016 ont permis d'initier deux lignes directrices fortes : la protection du consommateur épargnant au travers d'une consultation menée par l'Autorité des marchés financiers (AMF) et la protection des entrepreneurs par la possible intégration des *tokens* dans la comptabilité.

Dans ce but, un groupe de travail de l'Autorité des normes comptables (ANC) s'est mis en place fin 2017 et a permis à la France, dès la fin 2018, d'être le premier pays à permettre à ses entreprises d'inclure les *tokens* dans le plan comptable général : dans les classes 6 et 7 d'un compte de résultat, dans les classes de bilan notamment en produits constatés d'avance ou en hors bilan en fonction des caractéristiques et du choix de communication de l'entreprise sur sa réalité économique.

Par la suite, de nouvelles segmentations de *tokens* apparaissent et affinent les catégories rudimentaires du début.

La terminologie NFT, pour *Non-Fungible Token,* émerge à plusieurs reprises en 2018. Elle prend finalement son essor au mois de mars 2021 lors de la première vente, par Christie's, d'un NFT représentant une œuvre digitale lors d'une vente aux enchères, pour un montant proche de 70 millions de dollars. Le mouvement est lancé par la partie digitale. (Voir illustration 9 page suivante).

Un NFT est un droit (propriété, accès, usage...) ou un certificat (présence, statut, contenu...) enregistré sur le grand registre qu'est la *blockchain.* Ce peut donc être une œuvre numérique, ou bien un jumeau numérique quand cette création de droit digital s'appuie sur une réalité physique.

Cependant, cela n'est pas aussi simple car le simple jumeau numérique peut s'enrichir de nouvelles fonctions ou droits. Cela rend le sujet très intéressant et riche pour le secteur de l'assurance.

Prenons quelques exemples concrets pour mieux comprendre la richesse et les combinaisons possibles et ainsi éviter l'association simpliste souvent faite de « NFT = œuvre digitale ».

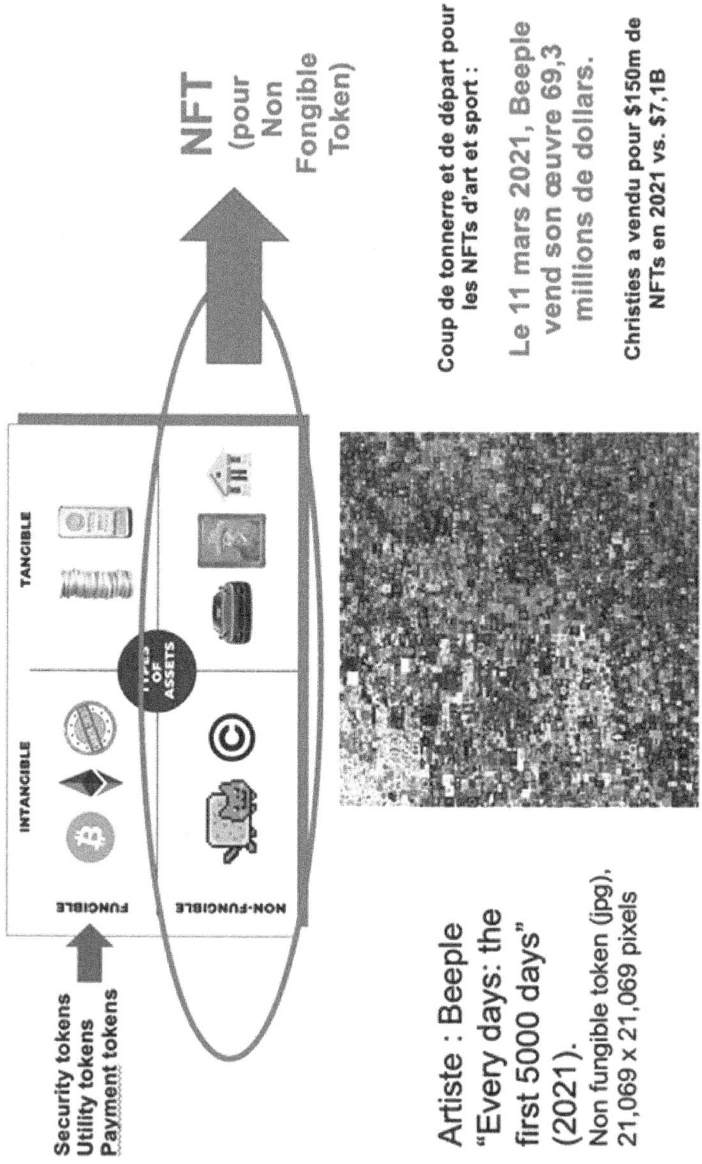

Illustration 9 - source : France Meta.

EX

Les NFTs de Grands Crus Classés

L'exemple du travail d'un négociant de vin en 2021 permet de mieux comprendre le concept de NFT et sa richesse évolutive. Sa démarche a débuté par le choix d'une bouteille de GCC (grand cru classé).

La demande initiale était d'utiliser la *blockchain* pour apporter de la valeur au travers de la traçabilité du produit (géographie, température, hygrométrie...). Il est rapidement apparu que cela était déjà largement fait par d'autres moyens que la *blockchain*.

En revanche, le droit de propriété sur une bouteille n'était pas tracé et la séparation entre la bouteille physique, immobilisée dans la cave, et le droit numérique de propriété de cette bouteille, était riche car il permettait de faire de l'achat-vente de bouteilles sans que celles-ci ne bougent de la cave.

C'est un premier type de NFT qui naît alors et que l'on pourrait qualifier de jumeau numérique (ou *digital twin* en anglais). Le possesseur du NFT est le propriétaire de la bouteille, qu'il peut se faire livrer quand il le souhaite, ou décider de mettre en vente sur des bourses de *tokens*, des magasins virtuels, des métavers le permettant... Grâce à son NFT dûment certifié et enregistré sur la *blockchain.* Il peut éventuellement obtenir des commissions ou « royalties » à chaque transaction. (Voir illustration 10 page suivante).

EX

L'aide à la sauvegarde du patrimoine français

Une illustration marquante du poids des NFTs est l'exemple d'un travail été imaginé en 2021 pour sauvegarder le patrimoine français et développer la tokenisation du tourisme en France.

La démarche a débuté par le choix d'un lieu d'exception qui était éligible au concept : un château au centre d'une région abandonnée des politiques publiques, nécessitant plusieurs millions d'euros d'investissement pour sa restauration. Le propriétaire en avait fait donation à la région, qui avait refusé le legs au vu des sommes à engager pour rendre l'espace viable à une éventuelle visite ou reconversion culturelle et économique.

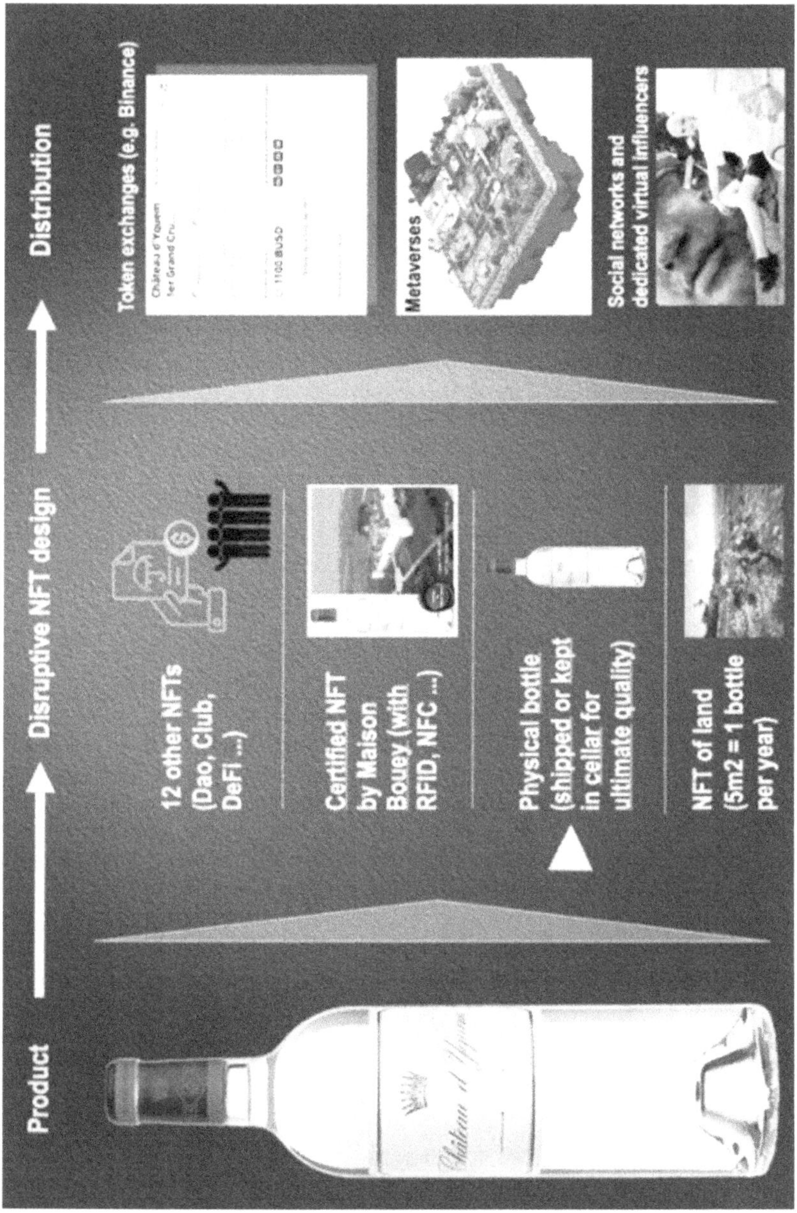

Illustration 10 - source : France Meta.

L'action a été d'émettre 100 000 NFTs sur ce bâtiment, pour lever 6 millions d'euros et ainsi permettre les travaux nécessaires. Les possesseurs des NFTs ne sont pas devenus propriétaires du lieu mais ont acquis ainsi un droit serviciel sur le bien, les visites, les repas, ou les produits du lieu. Le mécanisme devient encore plus « savoureux » quand on l'applique aux capacités de transfert des NFTs : les heureux possesseurs de NFTs du lieu pourront ainsi l'échanger dans le futur contre des NFTs de lieux similaires dans d'autres régions de France, ou même du monde, créant ainsi une bourse *blockchain* des lieux touristiques, qui eux-mêmes avaient pu être réhabilités via ce principe d'ensemble.
Deux buts sont ainsi atteints : sauver le patrimoine, mais aussi permettre à des millions de touristes dans le monde d'avoir un petit bout de France et de préparer leur prochaine destination en France en plus de... Paris. (Voir illustration 11 page suivante).

EX

Les NFTs de variétés de pommes de terre

Les NFTs peuvent jouer un rôle crucial dans le fonctionnement d'une société et la mise en avant d'un patrimoine culturel important. Cet exemple d'un travail imaginé en 2022 pour apporter une réponse à la redistribution des ressources aux agriculteurs et à l'ensemble des secteurs des matières premières dans un cadre international, en fournit une illustration intéressante à étudier.
L'idée de Pierre Paperon -l'un des coauteurs de cet ouvrage-, a été de partir d'une base très riche : le patrimoine culturel et culinaire du Pérou et de ses pommes de terre issues de la civilisation Incas. Il y a en effet plus de 6 408 variétés de pommes de terre, qui génèrent chacune un rendement de 70 tonnes par hectare et plus de 200 recettes possibles.
Ses équipes ont sélectionné 1 000 variétés et 10 recettes. Il a été minté 1 000 NFTs simples par variété et 1 NFT unique par variété. Chaque *Basic* NFT donne le droit de recevoir un plant chez soi et de l'utiliser et l'opportunité de rencontrer les paysans péruviens ainsi que les administrations du Pérou. Chaque NFT unique donne le droit de cultiver et de revendre cette variété spécifique.
Les prix d'achat sont ainsi fixés :
- *Basic* NFTs pour $10 ;
- *Unique* NFTs pour $1 000.

Le partage des revenus est le suivant :
- 30 % pour les fermiers péruviens ;
- 40 % pour le département d'agriculture ;
- 10 % pour les coûts de transport ;
- 20 % pour le management.

L'idée centrale de ce projet en cours est de permettre ainsi :
- le développement de pays et de fermiers qui avaient de la peine à survivre ;
- l'automatisation, via les NFTs et la *blockchain,* de la redistribution de valeur ;

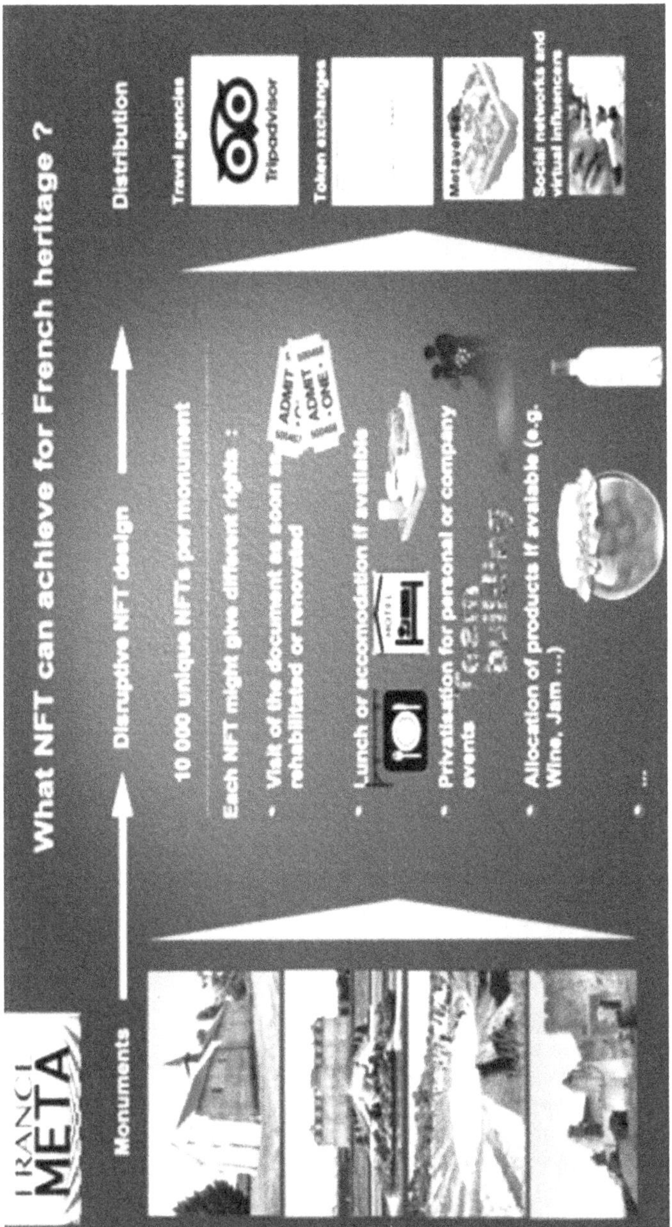

Illustration 11 - source : France Meta.

- la digitalisation des droits d'usage et de propriété, qui à terme pourra ainsi servir de monnaie d'échange dans les métavers mondiaux.

En un mot, contribuer à une meilleure gestion de notre vaisseau spatial qui s'appelle la Terre et de la vie de ses sept milliards de voyageurs interstellaires. (Voir illustration 12 page suivante).

EX

Un métavers amazonien qui a naturellement émergé
On peut poursuivre cette liste d'exemples par un autre projet, lancé en juin 2022 avec l'association d'une dizaine de collectifs et d'associations, dont France Meta, dans le but de créer le premier métavers de l'Amazonie. Le sujet était le suivant : considérer que le Web3 et ses sous-jacents NFTs et *blockchain* pouvaient œuvrer à répondre aux défis climatiques et commencer à résoudre au moins partiellement le problème de la déforestation amazonienne.
Le collectif GO4METAVERSE a ainsi été lancé, avec pour tête de pont le chef Armil, chef d'une grande tribu amazonienne, et avec pour idée simple de reboiser sa forêt via une émission continue de NFTs qui engendrerait des fonds pour replanter un arbre ou plusieurs. Le charisme du chef Armil, qui avait déjà partiellement sauvé sa forêt des appétits capitalistes des grands groupes brésiliens en 2015 en la faisant mapper par Google, forgeant ainsi sa propriété, a permis la constitution du projet, mettant ainsi en lumière la capacité des NFTs à se poser en acteur de monde réel de demain et à sa préservation. Un bel exemple de Web3 écoresponsable à suivre par le monde de l'assurance en termes de RSE et de stratégie ESG.

Toutefois, la véritable richesse du NFT et la révolution qu'il annonce viennent du développement possible du simple droit de propriété. En effet, la dématérialisation du droit de propriété permet d'ajouter d'autres éléments comme, par exemple, l'assurance de la bouteille, la garde de la bouteille pour plus de 10 ans... On peut aller au-delà car ce NFT peut être complété par exemple, d'un outil pour déterminer l'ouverture de la bouteille en cas d'acheteurs multiples d'une même bouteille (un *doodle* proposant une date et une heure pour ouvrir la bouteille, émis tous les ans, nécessitant l'accord de plus de la moitié des acheteurs pour que la bouteille soit bue). C'est le concept de DAO, qui sera précisé plus loin dans ce livre et qui est au cœur du fonctionnement de métavers comme Decentraland.

Cette vision statique peut évoluer dans le temps par l'augmentation des droits auxquels donne accès le NFT : on peut par exemple « raccorder » ou créer un nouveau NFT de la bouteille, lié à la parcelle qui l'a produite ou va la produire.

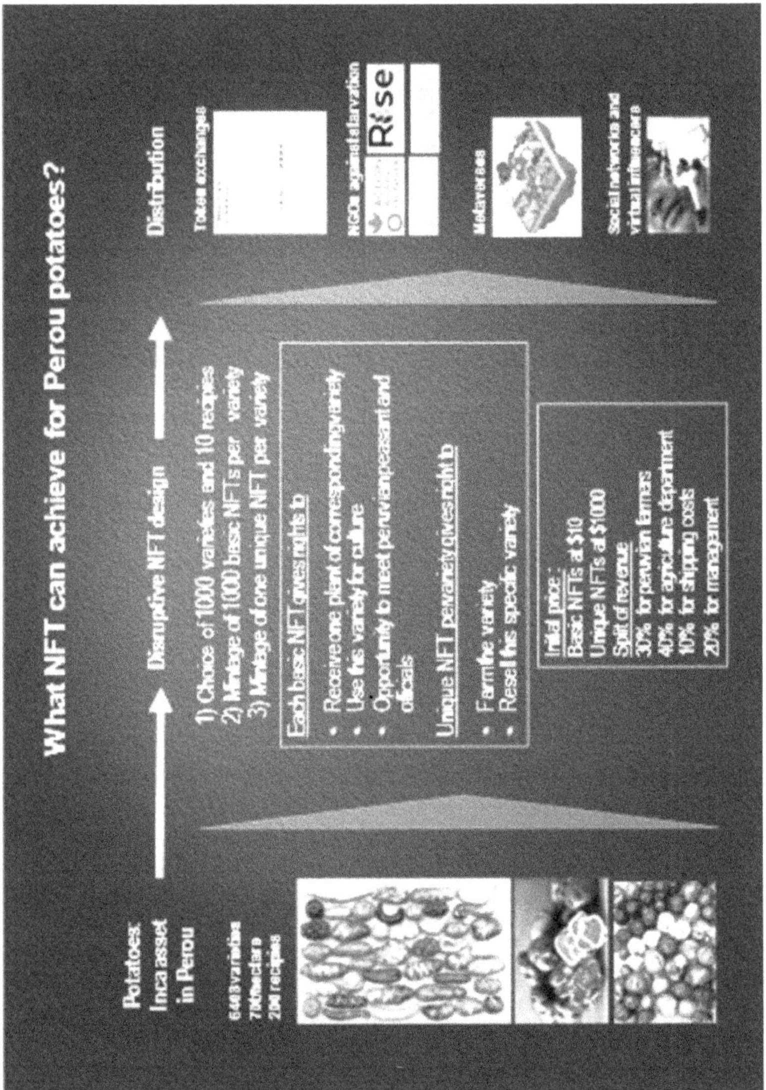

Illustration 12 : source France Meta.

Une fois le lancement de ces NFTs fait pour le client, l'étape suivante a été réalisée et cela a été une première mondiale avec la vente des primeurs : le NFT représente le droit d'accès à la bouteille, qui ne sera disponible que plusieurs années plus tard.

Illustration 13 : source France Meta.

4. L'art et le gaming au centre de la traction du métavers

L'art digital est une énorme locomotive sur toutes les plateformes existantes qui permettent de fabriquer directement les NFTs. On appelle cela « mintage », de l'anglais « mine » qui signifie « monnayer » au sens de « frapper la monnaie ».

Aujourd'hui, plus d'une centaine de plateformes coexistent et ont permis la levée d'une vingtaine de milliards de dollars sur la fin de l'année 2021. Par ailleurs, de nouvelles formes de fonds décentralisés sont apparus pour ces NFTs, grâce à l'utilisation des fonctionnalités distribuées de la *blockchain* comme la DAO (decentralized autonomous organization), Blackpool en étant le meilleur exemple.

En parallèle, la gamification promise par le créateur de Netscape, James Clark, en 1993, s'est emparée des NFTs avec une entreprise française, Sorare (« so rare »), qui est devenue une licorne (valorisation supérieure à un milliard de dollars) en moins de deux ans.

Le public combiné de Fortnite + Roblox + Minecraft représente plus de 300 millions d'utilisateurs par mois, ce qui est comparable à ce qu'était l'internet en mars 2000. Roblox, à lui seul, réunit tous les jours 42 millions d'utilisateurs.

De même, d'autres locomotives sont en train de naître : Samsung a pris la balle au bond courant 2021 pour proposer l'utilisation de ses téléviseurs comme des cadres d'œuvres digitales... On peut imaginer une intégration verticale plus importante à venir, comme l'a fait Netflix avec la production de films en plus de leur distribution.

Par ailleurs, au-delà de ces noms connus, des empires se construisent, comme Zepetto et ses 200 millions d'utilisateurs ou encore les métavers d'État à l'image de celui de Séoul.

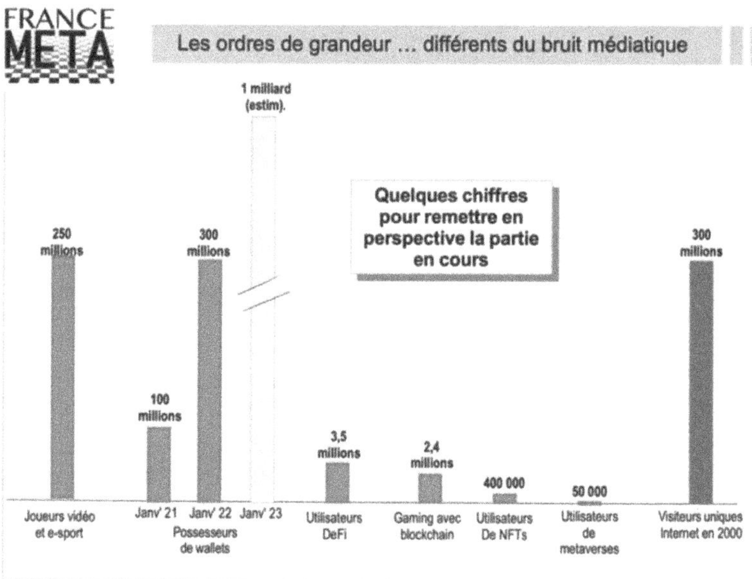

Illustration 14 : source France Meta.

5. Métavers 1.0 et 2.0 : simples jumeaux numériques de nos réalités ?

Le nom métavers (pour rappel, il s'agit de la fusion de méta et univers) est venu décrire ces nouveaux univers mis en avant initialement par les jeux, puis créés pour couvrir d'autres besoins ou attentes : par exemple UpLand pour l'immobilier ou Virbela dédié aux rencontres virtuelles dans le monde de l'entreprise.

On peut dire que les métavers en sont à un stade 1.0 : comme pour Second Life, c'est une copie de nos univers physiques quotidiens. Seul le *gaming* s'aventure dans les superpouvoirs (par exemple Fortnite).

Quelle est la connexion entre NFTs et métavers ? Les *tokens* sont les monnaies locales de chaque métavers. Par exemple, Mana pour Decentraland, ou Sand pour The Sandbox. Le nombre d'utilisateurs est en hausse constante, surtout pour le nombre de *wallets* digitaux !

Parmi les exemples récents d'innovation, c'est le métavers chinois XiRang qui innove avec des nouvelles fonctions comme la possibilité de traverser les murs. L'initiative chinoise est curieuse au vu des vitesses habituelles car 6 ans de développement viennent d'être annoncés, ce qui est relativement long à l'échelle du digital.

Comme pour l'internet dans la fin des années 1990, on peut s'attendre à des métavers spécialisés : rencontres, sport, sciences, histoire et voyage dans le temps...

Mais il est possible que de vraies innovations voient le jour, comme la rencontre et le dialogue possibles en « one to one » avec des personnalités, figures historiques ou proches disparus. Cela serait une belle application de l'analyse sémantique, de l'Intelligence Artificielle (IA) et des algorithmes de réalité virtuelle. Imaginez un dialogue avec Nietzsche, issu de la création d'un moteur d'inférence puisant dans l'ensemble de son œuvre ou une conversation avec Freud ou Jung, un débat entre Lénine et Steve Jobs… L'échange forcément courtois entre un de Gaulle et un candidat à la Présidence est un must qui ne manquerait pas de passionner les foules.

Une prémisse de ces nouvelles réalités a été donnée lors de l'Open d'Australie avec la création de 6 776 NFTs de balles par un *designer* et le quadrillage du terrain en petites parcelles sur laquelle tombaient les balles de match... Chaque parcelle était liée à un NFT particulier et permettait à l'heureux élu de rencontrer le gagnant du tournoi.

6. Cartographie des différents métavers

Le marché du métavers attire de nombreux acteurs offrant des services spécifiques sur l'ensemble de cette nouvelle chaîne de valeur. En effet, les acteurs de l'expérience client, des interfaces homme-machine, du code spécifique ou des infrastructures ne sont pas forcément les mêmes entreprises.

La cartographie ci-dessous présente un panorama synthétique des principales forces en présence. Il ne s'agit pas, bien entendu, d'une vision exhaustive.

Le marché du métavers

Expérience	Découverte	Création	Spatial computing	Décentralisation	Interface homme-machine	Infrastructures
Activision Blizzard	Apple	Horizon	Cesium	Crucible	Hololens	Agora
Fortnite	Discord	Epic	Google AI	Microsoft	Microsoft	Azure
Nintendo	Google	Genvid	Niantic	Occipital	Magicleap	AWS
Meta	Unity	Roblox	OpenAI	Opensea	Occulus	IBM
Twitch	Steam	Superworld	Unity	Polygon	Samsung	Nvidia
			Unreal		Theta	

Cette cartographie, non-exhaustive, montre l'étendue des entreprises impliquées dans le Web3 qui ne sont pas seulement technologiques mais dont les métavers sont déjà en cours de production, et/ou dont le projet de NFTs serviciels est en mode opérationnel.

6.1 Le Web3 devient le peer-to-peer de la propriété

Le concept et vocable de Web 3.0 vient souvent perturber la compréhension du métavers. En effet, le concept de Web3 s'inscrit en creux par rapport aux Web 2.0 et 1.0 comme l'illustre le schéma ci-dessous :

Les débuts de l'internet

Les débuts de l'internet Web 1.0 Entre 1990 et 2004	Le Web Social Web 2.0 Entre 2004 et 2020	Le web décentralisé Web 3.0 À partir de 2020
Sites statiques Fonctionnement centralisé Interactivité limitée	Sites dynamiques Fonctionnement centralisé Interactivité forte	Sites personnalisés et centrés sur l'utilisateur Fonctionnement décentralisé grâce à la *blockchain* (cryptomonnaies, NFTs...) Interactivité forte

Pourtant son essence est ailleurs : fabrication d'actifs digitaux et transmission directe et sans intermédiaire de ces actifs, donc de la propriété.

L'ADN même des métavers et du Web3 devrait éviter ce phénomène de concentration des acteurs du Web 2.0 des GAFA : des millions de métavers seront peut-être notre réalité dans 5 ans.

L'idée même que de nouveaux géants surgissent comme Facebook en son temps, alors que MySpace et autres réseaux étaient déjà en place, nous paraît lointaine. Ce n'est cependant pas impossible. Sorare est un bon exemple à observer pour voir la capacité d'un acteur français à devenir un géant mondial.

6.2 Les définitions du métavers

Le mot métavers provient de l'anglais *metaverse*, contraction de *meta* et *universe*. Il s'agit d'un ensemble de mondes virtuels fictifs connectés à l'internet, lesquels sont perçus en réalité augmentée, formant un univers virtuel doté d'une économie fonctionnelle dans laquelle toute la vie numérique est interconnectée, y compris avec des interfaces cerveau-machines, comme celles développées par NEURALINK d'Elon Musk.

Une des définitions les plus répandues est que « les métavers sont des **mondes virtuels numériques persistants** ». Cependant, d'autres sont possibles comme « une représentation numérique d'une réalité ou d'un imaginaire » pour intégrer des représentations de la réalité qui sont consensuelles et informatives, culturelles ou littéraires.
Le point commun est que ce sont bien :

- **des mondes à part entière** où il y a des gens représentés par des avatars, des bâtiments, des routes et chemins, des forêts, des rivières, des plages, etc. ;
- **virtuels**, parce qu'ils ne sont réels que dans leur version numérique dans laquelle on s'immerge par avatar interposé ;
- **persistants**, parce qu'ils continuent de fonctionner et d'évoluer lorsque l'on en sort : c'est en cela qu'ils se distinguent des autres jeux vidéo, même en ligne. En effet, la majorité des jeux vidéo s'arrêtent soit lorsque l'on quitte le jeu, soit quand la partie est finie, ce qui n'est pas le cas des métavers.

Le métavers est un successeur plus sophistiqué d'internet car interopérable et avec cette option d'univers immersif fort, avec ou sans lunettes 3D. En effet, les utilisateurs doivent pouvoir passer d'un bout à l'autre du métavers, tout en conservant leur avatar et leurs actifs virtuels avec la sensation d'être dans l'internet.

Dans cet univers, tout est possible : voir un concert, faire un voyage en ligne, assister à une exposition de tableaux, visiter un musée, jouer avec ses amis, visiter des mondes qui pourront être ceux d'entreprises, échanger avec des personnes du monde entier, regarder ou créer des œuvres d'art, essayer ou acheter des vêtements numériques, partager des balades en ayant un avatar, accéder à des coachs sportifs virtuels, aller faire du shopping dans toutes les boutiques que l'on souhaite, acheter, vendre, avec des crypto-monnaies ou monnaies virtuelles, ou même louer son avatar pour qu'il diffuse des publicités pour des marques connues…

On peut imaginer qu'il s'agit de vivre à l'intérieur de l'internet. Le métavers peut être un « digital twin » de la vie réelle, c'est-à dire une reproduction, dans des univers virtuels, de toutes les activités sociales existant dans la réalité physique. Pour comprendre plus en profondeur le concept de métavers, une meilleure image mentale est possible : on peut imaginer que c'est comme l'internet mais vécu de l'intérieur. Le Web ne serait plus quelque chose qui se passe sur un écran, mais plutôt quelque chose dans lequel on peut entrer, évoluer, vivre... dans les cas les plus extrêmes.

6.3 Un espace de propriété des données

Aujourd'hui, nous ne sommes plus le client, mais le produit. En effet, il est beaucoup plus difficile de créer de la valeur parce qu'il y a tout le temps quelqu'un qui récupère la valeur que l'on crée. Donc, pour faire simple, la maxime suivante est applicable : « si c'est gratuit, c'est que c'est vous le produit ». C'est-à-dire qu'à un moment, on récupère vos datas, pour les revendre lors de l'achat du service et il y a des prises de commissions à tous les niveaux du schéma de consommation, parce que c'est centralisé.

Avec le Web3 on redeviendra propriétaire de ses données grâce à ce tiers de confiance, qui en l'occurrence sera la *blockchain* et qui permet de récupérer toute la valeur.

7. Les composants du métavers (en plus des NFTs déjà mentionnés)

7.1 Les avatars

Cette composante du Web3 qu'est le métavers est remplie de nouvelles identités numériques appelées avatars. Ils sont l'évolution concrète de nos filtres Instagram ou profils LinkedIn. Si l'on se réfère à Grant Paterson, brillant spécialiste de l'e-sport chez Wunderman Thompson, « Les jeux [et par extension le métavers] deviennent des environnements dans lesquels les gens définissent leur identité numérique ».

Cela va simplifier notre démarche de personnalisation car nous n'aurons plus besoin de penser une version optimale de ce que nous sommes : fini, la chirurgie esthétique ! Selon notre météo du jour, nous pourrons endosser les habits voulus, mais aussi l'apparence extérieure adaptée. À vous de choisir !

Le terme d'avatar, emprunté au sanskrit, est habituellement utilisé pour désigner ces ensembles d'informations, ou personnages numériques, qui représentent les habitants des mondes virtuels. L'avatar, avec son côté projectif, est l'ADN réinterprété par le joueur et, en tant que système techno-sémiotique, est conditionné par l'interface.

L'avatar se définit comme un « système de signes » qui remplace le corps physique dans les métavers intégrant cette notion de télétravail ou téléloisirs. On part d'une origine religieuse et culturelle sanskrite qui parle des avatars de Vishnou venus du ciel *(avatara)* et on aboutit en 1992 à sa numérisation par le roman *Snow Crash* de Neal Stephenson (1992, Bantam Spectra Books) et à son expansion massive dans les MMO et les RPG dès 1995.

Contrairement aux daemons, agents informatiques contrôlés par l'ordinateur dans le roman de Stephenson, les avatars sont contrôlés par vous et nous, définis comme libérés des stigmates de la mort selon Casilli. Le côté graphique de l'avatar lui permet d'intégrer des datas multiples (qui il est, ce qu'il possède, qui il a rencontré, son *hall of fame,* etc.), lui construisant une nouvelle vie en digital. Vous ne connaissez vos équipiers numériques que par leurs avatars et les ligues de combat liant très fortement les *partners* sont sous ce masque numérique. Mais cet avatar sera toujours en perpétuelle évolution, de plus en plus ressemblant ou non selon les choix de l'utilisateur : Nvidia utilise massivement l'IA pour établir ces portes numériques d'interactions sociales que sont les métavers.

Un bon exemple en France est la société TALK3 qui génère des avatars en quelques minutes via ses portails.

Si l'on jette un regard sur la plateforme d'Omniverse, la firme vise à rendre l'avatar plus facile à utiliser. Avec une optique très professionnelle, on parle ici de travail à distance via des digital *twins* qui répliquent très exactement la réalité pour simuler une nouvelle usine BMW ou un magasin Dior.

L'IA permettra ce développement de l'avatar. L'utilisateur, qui est au centre du monde virtuel, et la précision de son avatar déterminent la qualité de son expérience et celle des autres participants. Le moteur d'intelligence artificielle peut analyser des images utilisateurs 2D ou des numérisations 3D pour créer des rendus simulés très réalistes. Il peut alors suivre une variété d'expressions faciales, d'émotions, de coiffures, de traits liés à l'âge... pour rendre l'avatar plus dynamique.

7.2 Les terrains

Les terrains et bâtiments des métavers sont des NFTs, c'est-à-dire des titres de propriété inscrits sur la *blockchain*. Il faut donc disposer d'un portefeuille (« wallet ») et de cryptomonnaies pour pouvoir en faire l'acquisition.

Les terrains à vendre sont visibles sur les boutiques des métavers (« market-places ») et sur les plateformes de vente de NFTs telles qu'OpenSea.

Pour devenir propriétaire d'un terrain sur un métavers en 2022, il faut budgéter, à l'heure de l'écriture de cet ouvrage, au minimum 3 Ether (ETH) pour une parcelle de 96 m^2 sur The Sandbox et 5 000 MANA pour une parcelle de 16 m^2 sur Decentraland.

Pour les terrains les mieux placés, les prix peuvent s'élever à des dizaines de milliers d'euros, voire plusieurs millions d'euros.

On a pu ainsi voir en 2021 des ventes atteindre près de 2,5 millions de dollars sur Decentraland ou sur Axie Infinity. Le record en date reste l'achat par Republic Realm, une entreprise d'immobilier américaine, d'un terrain de The Sandbox pour la somme de 4,3 millions d'euros, en décembre 2021.

Tout d'abord, comme pour un investissement immobilier dans la vraie vie, un terrain virtuel peut être constructible. On peut donc imaginer y développer une activité commerciale telle qu'une boutique, une galerie d'art, une attraction, et ainsi générer un revenu.

D'autre part, la parcelle peut être louée. Bien qu'il reste encore difficile d'évaluer les prix du marché de la location, on peut anticiper une demande croissante d'espaces commerciaux, mais aussi de résidences privées virtuelles sur les métavers. De même, des panneaux publicitaires peuvent être installés et loués à des annonceurs.

7.3 Les bâtiments

Le métavers pourrait modifier considérablement le métier des architectes, des urbanistes et de tous les acteurs de la fabrique urbaine au sein d'une nouvelle économie numérique fondée sur la *blockchain* et les cryptomonnaies.

Une société immobilière virtuelle, Metaverse Group, a par exemple été rachetée par l'entreprise token.com à hauteur de 50 % pour une somme de 1,68 million de dollars, afin d'agir comme véritable société de gestion immobilière mais aussi de *marketing* et de promotion dans des univers virtuels. Parmi ceux-ci, The Sandbox, Somnium Space, Vault Hill ou encore Decentraland, chacun étant autoproclamé « premier monde décentralisé possédé et gouverné par sa communauté ».

Upland, un autre univers virtuel, propose quant à lui de recréer notre monde dans le métavers. Chaque utilisateur peut y acheter des copies virtuelles de bâtiments réels. La version numérique de la Bourse de New York s'est par exemple vendue à 23 000 dollars, et l'investisseur pourra probablement la revendre à un prix bien plus élevé dans quelques mois ou années.

Au-delà de la pure spéculation immobilière, le métavers pourrait changer le rôle de nombre d'architectes à travers le monde. Grâce au métavers et à la technologie de la *blockchain*, il est maintenant possible à un architecte de concevoir une maison virtuelle pour ensuite la vendre à un client situé à l'autre bout du monde, sans avoir besoin de foncier disponible, ou d'autorisation d'urbanisme. L'année dernière, l'artiste Krista Kim a par exemple vendu la première maison digitale grâce à la technologie du NFT pour 500 000 dollars.

7.4 Les artefacts

Définir le terme « artefact » nous paraît important. C'est tout ce qu'un avatar va posséder dans les métavers : vêtements, sacs, véhicules ou objets de toute nature propre à son expression et ses actes quotidiens, y compris dans son lieu de vie virtuel.

N'allez pas imaginer qu'il y a des limites aux possibilités d'expression des graphistes Web3 ou des besoins de vos futures identités numériques : impossible n'est pas Web3 !

En 2018, le *retailer* Carlings a créé et vendu en une semaine la toute première collection de vêtements « digital only » pour des prix allant de 10 à 30 euros.

En 2019, The Fabricant vendait la première robe de « couture digitale » mise aux enchères sur la *blockchain*, pour 9 500 dollars.

La même année, Louis Vuitton devenait la première marque de luxe à proposer des modèles exclusifs dans League of Legends.

Aujourd'hui, des NFTS de sacs MetaBirkin se vendent pour des centaines de milliers de dollars.

Ralph Lauren a conclu des partenariats avec Roblox et la plateforme sud-coréenne Zepeto.

Par exemple, pour les 200 millions d'utilisateurs de Zepeto, la marque a recréé -virtuellement- des lieux emblématiques de New York, a conçu des jeux poursuites, un concert et un défilé de vêtements numériques -douze looks et cinquante articles uniques- vendus entre 14 et 40 ZEM, monnaie interne, équivalents de 0,99 à 2,82 dollars. Utile pour se balader à New York et aller au concert.

En mai 2021, Gucci a accueilli le printemps dans un monde virtuel en ouvrant sur Roblox son Gucci Garden éphémère, une reproduction de l'installation à Florence.

Le prix de son sac Dionysus brodé d'abeilles a été fixé à 475 Robux, la monnaie du jeu, soit 6 dollars, infiniment moins que les 3 400 dollars pour un sac réel. Le marché de la revente, par contre, a vu les prix monter en flèche : un des sacs s'est finalement vendu pour 350 000 Robux, soit 4 115 dollars.

La collection est également disponible dans l'application Gucci pour 11,99 dollars pour ceux qui souhaitent les porter sur des photos et des vidéos en utilisant la réalité augmentée.

Aujourd'hui, des marques de mode qui ne proposent que des vêtements et accessoires 100 % dématérialisés apparaissent.

Dress X, un *marketplace* numérique, fonctionne de manière similaire, à la différence près que les clients commencent par télécharger une photo et la soumettent au moment où ils effectuent leur achat. Les produits, inspirés par des héros de science-fiction et des célébrités, ne sont pas exactement des tenues du quotidien. Conçus par des créateurs du monde entier, ils n'utilisent ni tissu matériel, ni eau, ni CO_2 pour l'expédition et les livraisons, et stimulent l'éducation artistique.

The Fabricant -dont le slogan est « Toujours digital, jamais physique »- est une « digital fashion house » qui voit la mode digitale comme l'évolution des « skins » de jeux vidéo. Elle définit sa mission par la création de beaux vêtements qui permettent aux clients d'explorer leur identité de manière innovante sans gaspiller de précieuses ressources naturelles. Les vêtements sont modélisés en 3D pour que les clients puissent les porter dans des environnements VR, payables en Ethereum.

7.5 Les véhicules

Offrir une expérience de conduite non polluante, c'est le défi majeur des véhicules dans le métavers.

Hyundai Mobis a par exemple lancé de nombreuses initiatives au *Consumer Electronics Show* (CES) sur le sujet.

L'idée évidente et écologique est que se déplacer dans le métavers prend plus ou moins de temps et que le véhicule sera un outil d'efficience pour demain.

Certains l'ont bien compris via cet exemple du *superyacht* créé par les studios Republic Realm, qui s'est vendu pour 149 ETH, soit près de 650 000 dollars, sur le site d'enchères OpenSea. Sur le jeu The Sandbox, la structure virtuelle « Navigable » est amarrée pas loin d'une île privée, payée elle aussi au prix fort. À ce jour, le yacht est le bien le plus cher acheté sur The Sandbox, jeu pionnier du métavers.

Il est loué par des personnalités pour se déplacer d'île en île et en faire un espace de réception marin.

Demain, objets de convoitise ou d'expression des marques, les véhicules seront un outil interopérable entre les différents mondes, marque de sa nouvelle personnalité numérique.

IDÉES CLÉS

- Le métavers est un concept pluriel, philosophique, littéraire, scientifique.
- Le métavers nécessite la maîtrise de multiples définitions afin d'en comprendre les fondements.
- Le temps s'accélère et il faut s'adapter. Le Web3 s'impose et fusionne le réel et le virtuel. ■

II. Comprendre et maîtriser les bases du métavers

1. Les incontournables

Si le métavers peut sembler difficile d'accès, c'est en partie à cause d'un concept pluriel et d'un vocabulaire technique minimum qu'il convient de maîtriser et de connaître parfaitement.

1.1 Les fondamentaux, le vocabulaire en lien avec la blockchain

Il s'agit des termes les plus utilisés depuis une dizaine d'années avec l'apparition des expérimentations autour de la *blockchain* et le boom des cryptomonnaies.

Blockchain : technologie de stockage et de transmission d'informations, transparente, sécurisée et sans organe central de contrôle.

Cryptomonnaie : devise numérique décentralisée et entièrement virtuelle, utilisant la *blockchain* pour assurer la fiabilité et la traçabilité des transactions.

Coin/token : ces termes désignent deux types de monnaies. Les coins reposent sur leur propre *blockchain*, tandis que les tokens reposent sur une *blockchain* préexistante.

ICO (Initial Coin Offering) : l'équivalent d'une introduction en bourse (IPO) dans le secteur des cryptomonnaies. Une entreprise qui cherche un financement pour créer une nouvelle pièce, une application ou un service lance une ICO comme moyen de lever des fonds.

DAO (organisation autonome décentralisée) : organisation dont les règles de gouvernance sont automatisées et inscrites de manière transparente dans la *blockchain*. Les DAOs sont autonomes et régies par les membres eux-mêmes. Pour intégrer une DAO et avoir un pouvoir de décision, il faut investir dans le token associé, dont la valeur fluctue selon la popularité du groupe.

1.2 Les mots spécifiques au métavers, l'avènement d'un nouveau langage

Il s'agit des mots que l'on retrouve dans la presse généraliste et spécialisée. Il faut absolument les maîtriser pour comprendre le métavers.

NFT (nonfungible token) : fichier numérique auquel est attaché un certificat d'authenticité numérique, le rendant unique et non interchangeable. En obtenant un NFT, un acheteur devient le propriétaire exclusif d'un bien numérique : une peinture, une vidéo, une photographie, un mème, un élément de jeu vidéo, un film, etc.

Réalité augmentée (AR) : technologie permettant l'ajout d'éléments numériques (2D ou 3D) sur la réalité à travers des intermédiaires : smartphone, tablette, lunette intelligente, casque...

Réalité virtuelle (VR) : technologie permettant de simuler la présence d'un utilisateur dans un environnement numérique artificiel, avec lequel il peut interagir dans une expérience visuelle, auditive, parfois haptique.

Réalité mixte (MR) : technologie qui comporte des éléments virtuels ou numériques mélangés à des éléments physiques, capable de reconnaître votre environnement à l'aide de capteurs de profondeur.

Réalité étendue (XR) : expression qui englobe réalités augmentée, virtuelle et mixte, environnements réels et virtuels générés par l'infographie et les wearables.

IRL (in real life) : le monde réel au-delà d'OpenSea, Twitter et Discord. Aussi appelé meatspace, espace ennuyeux où les lois de la physique et de la biologie s'appliquent.

1.3 Web3 ou métavers

Revenons plus en détail sur les concepts centraux du Web3 ou du métavers.

Le Web3 est un concept en émergence qui ne sera totalement défini que dans quelques années. On peut toutefois proposer une définition en faisant le parallèle avec les débuts de l'internet ou le Web 1.0, mais surtout en listant les éléments qui le composent et sont autant de briques qui peuvent se combiner les unes avec les autres, une combinaison étant d'ailleurs les métavers.

Le Web1 a émergé de l'internet naissant en 1994. Il peut être qualifié de sémantique car le centre de gravité était la mise en avant d'informations dont l'accès était facilité par les moteurs de recherche comme Altavista puis Google. À cette fonction de partage d'informations s'est rapidement adjointe la dimension transactionnelle avec l'achat et vente possible (Amazon, EBay...). Les infrastructures gagnant en taille, l'audiovisuel a fait ses premiers pas tant dans les moteurs de recherche que pour des sites de partage P2P comme Napster en 1998.

Le Web1 est le terme désignant la première version de l'internet, issue de la DARPA et a duré de 1989 à 2004 : elle est devenue le premier réseau mondial représentant l'avenir des communications numériques.

C'est la première étape de développement sur le *World Wide Web* créé par Tim Berners Lee, qui se caractérisait par de simples sites Web statiques. Les débuts de l'internet consistaient essentiellement en des pages Web reliées par des hyperliens, sans les éléments visuels.

On appelait cela, en termes techniques, « réseau en lecture seule » ou « read-only Internet », un réseau sans interactivité. Sous une autre terminologie, on définit ceci comme un Web passif où les utilisations se produisaient hors ligne (lecture de contenu après mise à jour). En règle générale, une page Web unique consiste en une page statique hébergée sur un serveur Web géré par un fournisseur d'accès à l'internet ou un service d'hébergement Web gratuit.

Le Web2 est apparu à partir de 2003, année de naissance de LinkedIn, avec des fonctions nouvelles d'échange et d'interactions fortes permises par les blogs, les commentaires, les *likes*.

Il s'agit de la grande vague des réseaux sociaux que Facebook va préempter en 2007, avec une croissance exponentielle qui lui a permis d'arriver à 2 milliards de membres une quinzaine d'années plus tard. La propagation du Web2 est d'autant plus forte qu'apparaît en 2009, un objet totalement inattendu et très disruptif pour le secteur de la téléphonie : le *smartphone* qui, peu à peu, intègre et donne accès à de multiples applications jusque-là réservées aux ordinateurs (*mails*, achats, commentaires, fils d'informations, auxquels viennent s'ajouter les photos, le réveil, la dictée et la connexion possible H24 en tout endroit).

Le Web3, pour sa part, peut avoir sa naissance datée en 2015 avec l'apparition de la *blockchain* Ethéreum et de la facilité nouvelle de créer des actifs digitaux de manière décentralisée. Dans la ligne droite directe de Bitcoin, la révolution se poursuit en permettant à tout un chacun de créer des actifs digitaux et de ne plus s'appuyer sur des points de validation centralisés et régulés comme le sont les banques, les notaires, les huissiers et toutes les professions bénéficiant directement de garantie et confiance apportée par l'État jusque-là.

Le Web3 intègre donc de manière native cette confiance distribuée, apportée par la technologie et l'initiative laissée à chacun de créer de nouveaux actifs. Ce pourra être, en effet, une œuvre digitale sous forme de NFT, mais aussi des parts de société ou de brevets. À cela s'ajoute la possibilité de définir une constitution, au sens d'organisation d'une gouvernance, pour la gestion de ces biens. C'est ce que l'on appelle la DAO ou *decentralized autonomous organization*.

Les métavers sont une autre composante de ce Web3 avec, d'une part, leur émergence, qui a été permise par la vente massive de NFTs de surfaces immobilières de ces mondes virtuels et, d'autre part, deux ans de Covid-19 qui ont fait la démonstration de l'utilité du travail à distance et de l'intelligence collaborative possible sans être physiquement au même endroit.

Facebook, par son changement de nom en Meta et par les communications fortes de son fondateur Mark Zuckerberg, a polarisé fortement le métavers sur une définition assez restrictive au vu des champs d'application, des multiples utilisations et des contraintes techniques de mise en œuvre comme le débit. Pour simplifier, Mark Zuckerberg définit les briques fondamentales de la construction du métavers, comme la réunion de la technologie 3D, d'avatars et de lunettes 3D.

Il est possible d'ouvrir cette définition limitative (mais utile pour qui vend des lunettes 3D et vise à mettre en place des standards) en l'intégrant dans une vision plus large et en classant les métavers, ou représentations digitales d'une réalité, en fonction de leur dimension : la dimension 1 ou 1D étant le simple fil d'informations que l'on fait dérouler sur son téléphone portable ou sa page personnelle d'un réseau social, la 3,5D étant l'expérience immersive forte apportée par le port des lunettes mais avec la limitation de temps due aux troubles de l'équilibre généré par cette nouvelle représentation spatiale.

L'idée forte du Web 3.0 est que chacun ait un accès égal aux moyens de production, aux modèles économiques, aux services proposés, grâce à la propriété vérifiable d'actifs numériques uniques (jetons infalsifiables, titres de propriété, ou NFT) échangés via des protocoles fortifiés (chaîne de bloc et cryptographie) et rémunérés par monnaies virtuelles (cryptomonnaies).

Ces *process* échappent à tout intermédiaire, n'appartiennent à aucune firme, à aucun gouvernement. Les transactions sont directes, automatiques, les règles du jeu, immuables. Comme un grand Lego numérique qui permet un internet fait de briques logicielles composables sans permission.

C'est comme si, arrivé à l'âge adulte, le Web souhaitait s'assurer de la pérennité de son héritage en cataloguant et signant nos créations virtuelles dans les registres notariaux de la *blockchain* et en espérant ainsi les léguer à ses enfants.

2. L'infrastructure du métavers en un tableau

L'infrastructure du métavers est représentée par sept couches de technologies digitales en cours de construction, selon la brillante analyse de John Radoff dans son ouvrage *Building The Metaverse*.

Les 7 couches du métavers

Expérience	Jeux, social, e-sports, shopping
Découverte	Publicités, curation sociale, boutiques, agents
Économie de création	Outils de dessins, actifs marchés, workflow
Informatique spatiale	3D, VR/AR/XR, UI, mapping géospatial
Décentralisation	Edge computing, AI agents, microservices, *blockchain*
Interface humaine	Mobile, IOT, voix
Infrastructure	5G, wifi, 6G, MEMS, GPUS

3. Un Google des métavers à créer

Comme on l'imagine, les métavers seront nombreux et spécifiques selon les usages et les publics concernés.

Il sera possible d'aller dans The Sandbox pour une expérience et y rencontrer son assureur AXA, d'aller dans Zepetto pour acheter des vêtements Gucci, dans Decentraland pour y commander sa pizza Domino's Pizza, et dans WorkAdventure pour visiter le chantier de sa maison ou rencontrer son coach sportif Sorius, ou voyager dans Upland pour suivre la League de Chicago.

À ces lieux et ces activités, il faudra une boussole, et un compas afin de localiser votre ami et de savoir quelle activité il fait pour le rejoindre et être téléporté en temps réel auprès de lui pour échanger.

En un mot : avoir la vision à 360 degrés des différents métavers et de leur utilisateurs/utilisations.

De belles initiatives ont vu le jour au *Metaverse Summit* des 16 et 17 juillet 2022 à Paris, où des sociétés comme Lighthouse ont mis en place des projets de ce type.

Les métavers de demain auront besoin de guides touristiques, mais aussi du Google du Web3.

4. Une interopérabilité à ouvrir

Il est fondamental que l'ensemble des opérateurs de métavers et des plateformes de NFTs pensent dès maintenant à permettre l'interopérabilité et le transfert des avatars et des artefacts entre les différents mondes.

Cela existe déjà entre certains acteurs en Asie. (Voir illustration 15 page suivante).

La mise en place d'un standard avance dans la bonne direction car le 21 juin 2022, la majorité des entreprises mondiales travaillant sur la réalité virtuelle, la réalité augmentée et le gaming ont pris acte d'organiser ensemble les normes du métavers, afin de faire de cette nouvelle technologie un système de normes interopérables, avec des sémantiques d'écriture Web3 comprises et utilisées par l'ensemble des parties de l'écosystème : c'est le Metaverse Standards Forum.

EX

Le programme du *Metaverse Standards Forum*, retranscrit ci-dessous, donne un bon aperçu des enjeux du secteur :
« À noter que les ateliers de ce Forum porteront sur des projets basés sur le prototypage, les *hackathons*, et tous les outils *open source* pour conduire dans un futur proche à l'adoption d'un consensus sur les nouvelles normes métavers accompagnées du développement d'une terminologie cohérente avec des directives de déploiement ».
La majorité des leaders de l'industrie portée par ces technologies sont ravis de participer à la construction d'un métavers tendant à l'universalité puisqu'étaient présents notamment :
OxSenses, Academy Software Foundation, Adobe, Alibaba, Autodesk, Avataar, Blackshark.ai, CalConnect, Cesium, Daly Realism, Disguise, the Enosema Foundation, Epic Games, the Express Language Foundation, Huawei, IKEA, John Peddie Research, Khronos, Lamina1, Maxon, Meta, Microsoft, NVIDIA, OpenAR Cloud, the Open Geospatial Consortium, Otoy, Perey Research and Consulting, Qualcomm Technologies, Ribose, Sony Interactive Entertainment, Spatial Web Foundation, Unity, VerseMaker, Wayfair, le Web3D Consortium, le World Wide Web Consortium et la XR Association (XRA).

Le mouvement est en marche avec maintenant 1 500 sociétés qui ont la volonté de coopérer... et d'éviter la complexité de définir un ou des standards en étant aussi nombreux et avec un tel enjeu.
Le seul bémol est qu'Apple n'a pas adhéré au *Metaverse Standards Forum* à ce jour. Cependant, il est clair que l'un des facteurs clés de la réussite du Web3 sera cette interopérabilité sans restriction aucune.

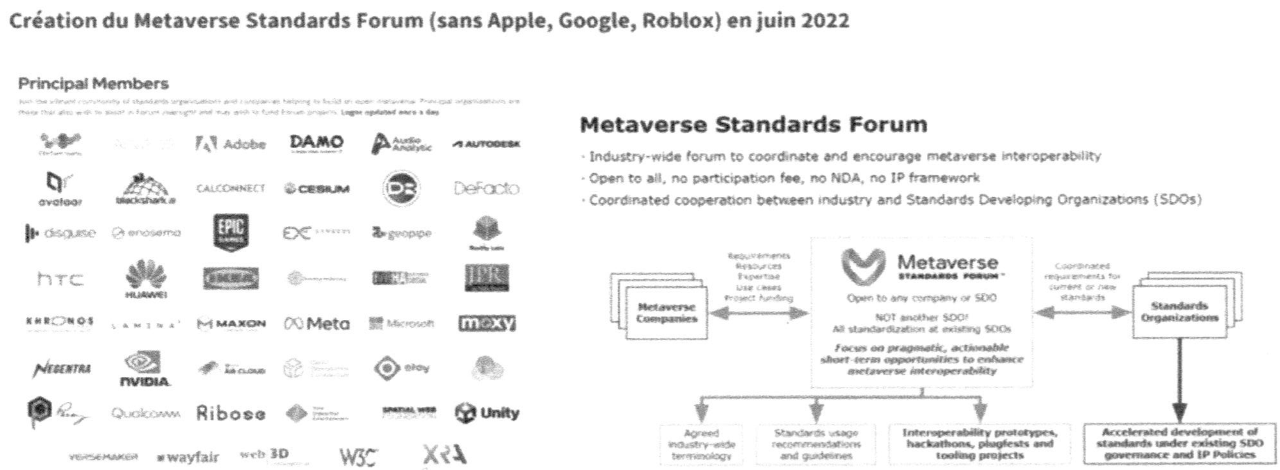

Illustration 15 - source : France Meta.

5. Les métavers majeurs en 2022

Aujourd'hui, on analyse le fait suivant : il y a le même nombre d'utilisateurs du métavers, qu'en comptait l'internet à son arrivée au début des années 2000.

La course est donc lancée : 138 mondes virtuels existent aujourd'hui et leur nombre ne cesse d'augmenter chaque mois.

Ces univers virtuels pourraient être séparés en deux scopes distincts : centralisés et décentralisés basés sur la *blockchain*.

En mars 2022, ces mondes enregistrent 440 millions d'utilisateurs actifs par mois, ce qui représente, après des analyses croisées, une croissance de 10 % en 3 mois.

Ce marché est tiré vers le haut par les plateformes de gaming qui représentent 80 % du métavers, avec comme leader Roblox et ses 230 millions d'utilisateurs actifs mensuels, suivi de Minecraft et Fortnite.

5.1 The Sandbox

Créé par le studio de jeux Pixowl, The Sandbox met à la disposition des utilisateurs, des logiciels pour construire leur propre gameplay non linéaire, appelé par l'ensemble des spécialistes « mode bac à sable », fondé sur la *blockchain*.

Le joueur endosse le costume d'apprentie divinité et dessine son propre univers grâce à l'exploration de ressources telles que l'eau, le sol, la foudre, la lave, le sable, le verre et de nombreux autres éléments complexes tels que les humains, la faune et les engins mécaniques. (Voir illustration 16 page suivante).

Les joueurs sont confrontés à des défis complexes comme l'utilisation de l'eau et de la saleté pour fabriquer de la boue, ou la fabrication d'une batterie ou la construction d'un circuit électrique.

Ils ont la possibilité de sauvegarder les mondes et de les mettre à disposition en version gratuite ou payante dans un espace ouvert à tous.

La propriété de The Sandbox est rachetée par le groupe Animoca Brands en août 2018 pour être adaptée en intégrant la *blockchain* et Voxel gaming.

Les utilisateurs acquièrent avec cette nouvelle version la capacité d'achat de Land virtuel, avec des partenaires promotionnels possédant des terres, dont Snoop Dogg, Richie Hawtin, Deadmau5 et Les Schtroumpfs.

Illustration 16 - source : France Meta.

En mai 2019, 2,5 millions de dollars ont été mis sur la table par le groupe Animoca Brands pour soutenir ce nouveau projet.

En octobre 2019, Square Enix, B Cryptos et True Global Ventures ont intégré un montant de 2,01 millions de dollars en espèces et en cryptomonnaie dans The Sandbox.

En novembre 2021, SoftBank a misé 93 millions de dollars pour faire passer The Sandbox à un niveau supérieur.

La tranche « alpha 1 » du métavers The Sandbox a été lancée le 29 novembre 2021.

De très nombreux acteurs et grandes marques ont investi The Sandbox en 2022 tels Carrefour, AXA, Casino, LVMH et Coca Cola.

The Sandbox peut être considéré comme un véritable métavers, fondé sur la *blockchain*, les NFTs de terrains et d'artefacts, et la DAO annoncée pour fin 2022.

5.2 Decentraland

Illustration 17 - source : France Meta.

Decentraland est la véritable synthèse de ce que devrait être un métavers : premièrement une plateforme, un espace virtuel 3D et enfin une base open source.

Comme dans The Sandbox, les *users* ont la capacité d'acheter des lands sur le monde, via des NFTs, grâce à la cryptomonnaie Mana du jeu.

Le lancement officiel date de février 2020 et est chapeauté par l'organisation à but non lucratif Decentraland Foundation.

Decentraland est pensé depuis le départ par les Argentins Ari Meilich et Esteban Ordano, avec une mise à niveau depuis 2015. En 2017, les Lands numériques avaient un cours de 20 $, et des tokens de Mana étaient vendus pour 0,02 $. La map de départ, Genesis City, était composée de 90 601 parcelles de terrain qui ont produit 26 millions de dollars lors de leur offre initiale (ICO) en 2017.

En avril 2021, au plus haut des NFTs, les parcelles se sont vendues entre 6 000 $ et 100 000 $.

En juin 2021, la maison de vente aux enchères londonienne Sotheby's a créé une réplique numérique de son siège social de New Bond Street en tant que galerie virtuelle à Decentraland pour promouvoir l'art numérique.

Republic Realm, un des pionniers de l'immobilier virtuel soutenu par les grands fonds de la Silicon Valley, a déboursé 913 228 $ pour 259 parcelles de Decentraland, pour bâtir un quartier commerçant virtuel, nommé Metajuku, comme reproduction fidèle du superbe quartier de Tokyo Harajuku.

Le mode de fonctionnement de Decentraland est simple : les users sont regroupés dans des espaces de « common interest ». Si vous êtes à proximité de hubs à fort trafic, les utilisateurs deviennent le contenu du propriétaire.

Les marques sont encouragées à développer des encarts ou des campagnes de publicité à proximité ou dans des lieux à fort trafic pour promouvoir leurs produits, services et événements.

Des espaces sont la reproduction fidèle de lieux connus comme Times Square à New York ou King Street à Londres. On cherche à maximiser le positionnement produit pour les marques et proposer à leurs « consomm-acteurs » de nouvelles expériences inédites.

Comme explicité ci-avant, Decentraland reste à ce jour un modèle de plateforme distribuée dans un espace virtuel accessible à tous, pour y développer la creator economy en le monétisant en Mana. Les hubs de revenus sont créés de par l'exclusivité des terrains qui génèrent des revenus récurrents à la hausse.

5.3 Cryptovoxels

Cryptovoxels est un métavers simple et peu valorisant en termes de ressources graphiques, mais qui a pour avantage de fonctionner sur n'importe quel OC et appareil mobile, avec la possibilité du casque en option.

Basé sur la *blockchain* Ethereum, il garantit ainsi la propriété des biens et des terrains.

Les différents participants achètent leurs terrains et créent des locaux commerciaux pour y ouvrir des shops artistiques ou business type cafés ou forums.

L'ensemble des packs de création comme les logiciels de fabrication, les chats et les vocaux sont permis avec des avatars.

Le métavers garantit la sûreté des actifs via la *blockchain* Ethereum, dont ils deviennent des actifs intangibles.

Le suivi de la propriété des parcelles Cryptovoxels sur Ethereum offre aux utilisateurs de solides garanties que leurs actifs ne peuvent pas simplement être enlevés par les créateurs. S'il est vrai que l'ensemble du jeu n'est pas décentralisé et que les créateurs pourraient changer le jeu pour ignorer ce que dit Ethereum, le fait qu'il soit construit sur Ethereum montre un engagement à laisser les utilisateurs posséder le monde.

Cet engagement a permis à Cryptovoxels d'attirer nombre d'adopteurs précoces, qui ont pris possession du monde à part entière. Plus précisément, il a séduit des designers, des peintres, des experts en modélisation, des architectes, des artistes numériques, etc. Ces artistes ont fait un travail incroyable en construisant le monde et en en faisant un endroit qui vaut la peine d'être exploré et d'y traîner. Chaque promenade dans Cryptovoxels est une découverte.

Il est aussi possible de regarder des événements en direct car Cryptovoxels prend en charge les intégrations YouTube et les flux Twitch. On peut aussi y faire du *shopping*.

Il convient de souligner que beaucoup de choses sont échangées dans Cryptovoxels. D'une part, la majeure partie du monde est une galerie d'art, où l'art est à vendre. La notion d'art étant large, les transactions vont des objets de collection de jeux (comme CryptoKitties) à la photographie, en passant par l'art classique.

5.4 Les métavers des marques de distribution

À titre d'exemple, l'enseigne française de grande distribution Carrefour a fait un premier saut dans le monde du métavers en 2022, en achetant un terrain virtuel de The Sandbox. Cet achat a pour objectif de mieux comprendre la nouvelle ère du *retail* qui semble se profiler à l'horizon.

L'achat de l'enseigne s'explique par une envie de comprendre et d'expérimenter le futur de la consommation. Si les internautes adhèrent à ce nouveau monde, le métavers pourrait prendre une place très importante, quitte à bousculer notre quotidien à tous.

La première adresse de Carrefour dans le métavers a les coordonnées suivantes : 33,147. Un premier pas dans l'avenir. Cette acquisition de l'entreprise de grande distribution a donc pour but d'être prête face à la possible révolution de la consommation.

Ce terrain virtuel pourrait permettre à Carrefour de créer le premier supermarché virtuel, et de commencer la vente de produits virtuels certifiés, comme des NFTs.

Carrefour a aussi développé un campus virtuel qui permet d'interagir avec des demandeurs d'emploi. Sur son compte Twitter, Alexandre Bompard,

Président Directeur Général du groupe Carrefour, a publié une vidéo montrant à quoi ressemble ce monde numérique à l'effigie de l'enseigne.

5.5 Le coaching sportif et la prévention des risques en santé

Dans un marché mondial estimé à 500 milliards d'euros, les initiatives se multiplient autour du sport et de la prévention des risques en santé.

La société Zwift a ainsi lancé une solution immersive de cyclisme et de *running* d'intérieur après avoir levé 600 millions de dollars en 2020. Près de 4 millions d'utilisateurs s'entraînent quotidiennement dans les mondes virtuels de Watopia, NeoTokyo ou alors en escaladant l'Alpe du Zwift.

Illustration 18 - source : Sorius.

GoeJoe aux États-Unis ou Sorius *CyclingCoach* en France proposent des sessions immersives dans un univers virtuel faisant du métavers un moyen d'apporter du bien-être à des millions d'utilisateurs.

La société française Sorius a ainsi animé un *talkshow coaching* durant tout le Tour de France. Les places étaient vendues en quelques minutes, ce qui montre l'attrait fort pour des solutions hybrides dans le métavers.

Absence de risques de circulation, possibilité de s'entraîner quand on le souhaite, avec un programme ludique et adapté : le métavers est riche en promesse.

6. La chaîne de valeurs des métavers

6.1 L'expérience

On parle souvent de métavers comme un espace 3D enveloppant nos vies et nos actes. Cependant, il n'est ni en 3D, ni en 2D, ni même nécessairement graphique.

On assiste ici et maintenant à la dématérialisation inexorable de l'espace physique, de la distance et des objets. On parle des jeux en 3D comme Minecraft sur nos consoles de jeu, Beat Saber sur nos casques de réalité virtuelle et Roblox sur nos ordinateurs. Et n'oublions pas Alexa dans notre cuisine, Teams dans nos bureaux virtuels, Clubhouse sur nos *smartphones* et *Zwift* dans nos salles de sport.

Des tranches de vies que nous jugions complexes voire impossibles deviennent comme par magie abondantes : un concert dans un espace physique ne peut vendre que quelques places au premier rang, un concert virtuel peut générer un plan d'existence personnalisé autour de chaque individu, dans lequel chacun bénéficie toujours de la meilleure place.

▶ Une expérience fluide à 360 degrés

Les clients apprécient les expériences omnicanales et permettent donc aux entreprises qui appliquent ces stratégies de conserver en moyenne 89 % de leurs clients.

Ils adorent passer de façon transparente des magasins physiques aux commandes en ligne, aux médias sociaux et aux *e-mails*. Une expérience client satisfaisante dans le futur sera celle qui garantira une fluidité sans faille pour permettre à vos clients de passer facilement de votre marque « physique » à votre marque « virtuelle » dans le métavers.

Imaginons un instant la valeur intrinsèque du métavers : le client qui déploie son avatar à l'intérieur peut tester vos produits en ligne, essayer différentes options ou discuter avec votre équipe d'assistance. Fini le concept d'*e-mail*, l'assistance de la marque utilisera des hologrammes pour montrer aux clients comment mettre en service un de vos appareils, accessoiriser une tenue, faire une réparation facile, appliquer un produit de beauté, etc.

Le côté immersif de l'expérience focalise toute l'attention des clients. Une récente étude a montré que la quantité d'informations stockées dans la mémoire est 70 % plus élevée lorsqu'on utilise la réalité augmentée que lorsqu'on ne l'utilise pas.

▶ Le concept de community surfacing

Les fonctionnalités de présence en temps réel permettent de définir une certaine sorte de « community surfacing », ou le métavers sait ce que les « users » font à l'instant T.

On assiste ici à un point fondamental : une grande partie de la valeur proviendra de l'interaction entre amis à travers des expériences partagées.

Les environnements clos de certains jeux font bon usage de la présence en temps réel. Si vous vous connectez à Steam, Battle.net, Xbox ou PlayStation, vous pourrez voir ce à quoi vos amis jouent en ce moment même.

En dehors des jeux, Clubhouse illustre la puissance de cette structure, puisque le choix de la salle à rejoindre est largement déterminé par ceux qui vous suivent et réciproquement.

6.2 Une économie créatrice

L'économie créatrice a pour définition communément admise : un système économique construit par des créateurs de contenus indépendants, qui sont connectés à leur public et à leurs entreprises via l'internet.

Ce sont des personnes qui créent, possèdent et distribuent le contenu qu'ils produisent à leur public. Le contenu est sous forme de texte, de podcast, de musique, de vidéo, de livre numérique, de jeu, etc.

On les classe selon quatre types :

- Blogueurs/vloguers qui communiquent des informations ou des conseils sur des sujets pour lesquels ils sont connus. Pour illustrer, les blogueurs de mode qui témoignent et aident à la création d'artefacts pour l'industrie de la mode ;
- Artistes qui utilisent leurs compétences en écriture, en musique ou toute autre forme d'art pour créer du contenu. Par exemple, un musicien qui partage des chansons sur Soundcloud ;
- Guides et experts qui partagent leurs connaissances sur les produits, les services et d'autres sujets ;
- Célébrités existantes qui utilisent leur popularité pour créer du contenu. Stephen Fry, par exemple, partage des extraits de sa vie quotidienne sur Twitter.

On fait souvent cas des 50 millions de créateurs indépendants, mais d'un point de vue pragmatique, nous en sommes encore aux balbutiements de cette « creator economy » (96,5 % des YouTubers ne gagnent même pas assez pour atteindre le seuil de pauvreté américain).

La tendance est forte en termes de chiffre d'affaires généré. De même, de nouveaux modèles se bâtissent chaque jour.

▶ L'informatique spatiale

L'informatique spatiale propose un **système de calcul hybride réel/virtuel** qui érode les barrières entre le monde physique et le monde idéal.

Il s'agit de concevoir des systèmes qui **repoussent les limites traditionnelles de l'écran** et du clavier sans s'y accrocher et en se fondant dans une interface ou une simulation mièvre.

L'informatique spatiale est devenue une vaste catégorie de technologies qui nous permettent de pénétrer dans des espaces 3D et de les manipuler, ainsi que d'enrichir le monde réel d'informations et d'expériences.

On parle de moteurs 3D pour afficher la géométrie et l'animation (Unity et Unreal).

Unity est un moteur de jeu multiplateforme (*smartphone*, ordinateur, consoles de jeux vidéo et Web) développé par Unity Technologies. Il est l'un des plus répandus dans l'industrie du jeu vidéo, aussi bien pour les grands studios que pour les indépendants, du fait de sa rapidité aux prototypages et parce qu'il permet de sortir les jeux sur tous les supports. Il a la particularité de proposer une licence gratuite dite « Personal » avec quelques limitations de technologie avancée au niveau de l'éditeur, mais sans limitation au niveau du moteur.

Unreal Engine est un moteur de jeu vidéo propriétaire développé par Epic Games. Fondée en 1991 par le programmeur Tim Sweeney, la société Epic Games est au départ une jeune *startup* dont la stratégie *marketing* est entièrement basée sur le principe du *shareware*. Au-delà du jeu vidéo, l'Unreal Engine est également utilisé pour la création de systèmes d'info-divertissement automobile. Epic Games a ainsi mis en place des partenariats avec Volvo et General Motors.

On parle aussi de la cartographie et de l'interprétation des mondes intérieur et extérieur, de la cartographie géospatiale (Niantic Planet-Scale AR et Cesium) et de la reconnaissance des objets.

Niantic collabore avec les principaux opérateurs de réseaux mobiles du monde. Ensemble, ils utilisent les dernières nouveautés en matière d'AR et de 5G pour faire avancer des industries entières. Il existe de nombreux avantages pour les joueurs avec un contenu AR prêt pour la 5G, notamment une faible latence inférieure à la milliseconde et une bande passante élevée. Pour nos explorateurs Niantic, cela signifie que n'importe quel nombre de joueurs peuvent collaborer ou s'affronter dans le même espace virtuel en temps réel sur leurs appareils respectifs.

Cesium est la plateforme ouverte pour les applications logicielles conçues pour libérer la puissance des données 3D.

▶ L'informatique homme-machine

Les appareils informatiques se rapprochent de nos corps, nous transformant en *cyborgs*.

Les *smartphones* ne sont plus des téléphones, ce sont de puissants ordinateurs hautement portables et connectés en permanence, qui ont une application téléphone préinstallée.

Les *smart glasses*, une industrie en pleine expansion, expérimente de nouvelles façons de nous rapprocher de nos machines.

Les lunettes intelligentes sont des lunettes d'ordinateurs portables, qui ajoutent des informations à côté ou à ce que le porteur voit. Alternativement, les lunettes intelligentes sont parfois définies comme des lunettes d'ordinateurs portables capables de modifier leurs propriétés optiques au moment de l'exécution comme c'est le cas des lunettes de soleil intelligentes, programmées pour changer de teinte par des moyens électroniques.

Les *wearables* imprimés en 3D intégrés à la mode et aux vêtements transforment nos comportements de *shoppers*.

Les textiles intelligents, de l'anglais smart textiles, également trouvés sous l'appellation *e-textiles* pour *electronic textiles*, apparaissent comme des textiles capables de capter et d'analyser un signal afin d'y formuler une approche adaptée. Ce sont des textiles en capacité de réagir « par eux-mêmes » en s'adaptant à leur environnement. Pour cela, ils incorporent des composants informatiques, numériques ou électroniques, mais aussi des matériaux polymères innovants, type matériaux à mémoire de forme ou chromiques, aux propriétés de changement de couleurs, ainsi que des fibres et matériaux.

Les applications des textiles intelligents se trouvent dans les domaines de l'habillement, de l'ameublement aussi bien que des textiles techniques. Ces textiles intelligents pour se vêtir ou « vêtements intelligents » font partie du large domaine des « wearable technologies » que nous connaissons bien.

On peut conclure que ces vêtements intelligents sont dotés d'une fonction supplémentaire à celle de vêtir.

Les biocapteurs miniaturisés, dont certains imprimés sur la peau, aussi appelés « bioscanners », sont à l'origine un dispositif capable d'analyser le métabolisme d'un être vivant et d'en faire son diagnostic complet. Ils sont donc en capacité de détecter les éventuelles anomalies et dysfonctionnements biologiques d'un être vivant.

Il ne faut pas non plus oublier les ING, ou interfaces neuronales grand public. Une interface neuronale, appelée communément implant neuronal, est un type d'interface homme-machine permettant la communication directe entre un ordinateur et le cerveau tel le projet Neuralink des équipes d'Elon Musk.

6.3 L'immersif

La notion de spatialité entre autres, qui est prépondérante, voire nécessaire aux métavers, n'est pas un concept nouveau –on pouvait d'ailleurs la trouver dans l'univers de Second Life–.

Toutefois, il manquait cette dimension immersive, ce qui brimait cette spatialité et la rendait moins facilement accessible au grand public.

L'immersion vient donc changer la donne, car l'activité de notre cerveau est très différente selon que l'on soit devant un petit écran ou dans un espace physique, fût-il virtuel.

La VR vient stimuler les zones profondes de notre cerveau et non notre néocortex – la zone cérébrale faisant de nous des créatures évoluées pour aboutir aux mondes ouverts immersifs interconnectés dotés des cinq sens.

Une expérience immersive vous plonge dans un univers digital, souvent en 3D. De nombreuses expériences immersives partagées vous permettront de manipuler des objets virtuels et d'interagir avec eux ainsi qu'avec d'autres visiteurs. Concernant le métavers, qui est au centre des discussions et crée l'effervescence, nous pensons qu'il existera en fait une multitude de métavers, mais aussi de nombreux autres types d'expériences immersives partagées.

Certaines d'entre elles seront proposées en réalité virtuelle pour une immersion totale. D'autres seront déployées en réalité augmentée et mêleront monde virtuel et monde physique. D'autres encore seront diffusées sur le Web et des plateformes différentes.

Les métavers sont des expériences immersives uniques en leur genre, à la fois persistantes et partagées. Ils offrent un espace virtuel immense dans lequel vous pouvez interagir avec des personnes à des kilomètres de vous. Il existe également des économies dans le métavers, qui sont elles aussi persistantes et partagées.

IDÉES CLÉS

- *Blockchain*, cryptomonnaies, Web3, métavers : tout est lié et il n'existe pas de silos.
- Les premiers business models à succès dans le métavers sont dans l'immobilier virtuel.
- Le métavers touche tous les secteurs : sport, retail, santé, assurance. Le nombre d'initiatives et les moyens engagés explosent. ■

III. Les nouveaux métiers du métavers, enjeux pour le secteur de l'assurance

1. Des enjeux cruciaux pour les Ressources Humaines

Le secteur de l'assurance commence à être impacté par l'apparition du métavers. Cette tendance a vocation à s'accélérer et à impacter tous les compartiments de l'entreprise.

Cette force est une révolution à venir pour les Ressources Humaines, avec des impacts prévisibles, comme l'apparition de nouveaux métiers et des plans de transformation à écrire et à mettre en œuvre.

Il est évident que la transformation ne se limitera pas à l'apparition d'un *Chief Metavers Officer*.

Un travers de recensement a été effectué sur les différents métiers qui devraient émerger. Sans viser à l'exhaustivité, la liste est présentée ci-dessous.

2. L'avènement de nouveaux métiers

Toutes les industries, toutes les filières métiers vont être impactées. De nombreux métiers vont apparaître, certains évoluer. La plupart des métiers ci-dessous correspondent à une réalité effective ou à des projections qui devraient se matérialiser d'ici peu. La liste ci-dessous, sans être exhaustive, recense le champ des possibles.

1. Méta-guide : accompagnateur de méta-visite, un peu comme dans un musée mais dans un ou plusieurs métavers, sur des centres d'intérêt bien particulier.
2. Méta-rechercheur : outil ou personne sympathique et utile, qui permet de chercher des personnes, des lieux, des services, des marques…

3. Méta-arpenteur : géographe ou astronome reconverti dans la fabrication des cartes et itinéraires optimaux pour aller d'un point A à un point B.
4. Méta-docteur : comme son nom l'indique, ressource disponible à certains endroits pour venir en aide à des problèmes médicaux, en se rapprochant de la télé-médecine si certains équipements sont disponibles.
5. Méta-architectes : avec un s car on retrouve les architectes d'intérieur, de bâtiments, d'ensembles urbains… car l'urbanisation dans les métavers est d'une nature proche à celle trouvée dans la réalité.
6. Méta-avocat : pour analyser les *smart contracts*, estimer les droits à la propriété…
7. Méta-juge : présent pour la médiation et la gestion des conflits entre propriétaires ou vendeurs… ou méta-troubleurs de l'ordre public.
8. Méta-maire : en charge d'une petite communauté de proximité.
9. Méta-agent immobilier : intermédiaire bien utile pour acheter, rechercher ou vendre des espaces et même des métavers clé en main.
10. Méta-*property manager* : il optimise la bonne utilisation de l'espace tant d'un point de vue énergétique que de la rentabilité économique de l'espace défini. La sous-location est une de ses armes mais aussi l'optimisation des flux.
11. Méta-family officer : pour la gestion des biens et investissements d'une famille dans l'ensemble des métavers en présence, que ce soient des cryptoactifs, des emplacements, des méta-*shops*, des cryptomonnaies, des crypto-actions de méta-*start-ups* ou futures méta-licornes...
12. Méta-garde du corps : pour garantir la sécurité des avatars ayant peur pour leur sécurité digitale.
13. Méta-agent de sécurité : gardien des lieux pour éviter des vols de NFTs mal sécurisés dans les galeries marchandes.
14. Méta-policier : pour assurer un minimum d'ordre si besoin et donner les bonnes directions si encore plus besoin. Se transforme en méta-enquêteur si un délit a été commis comme la disparition, l'enlèvement ou le meurtre d'un avatar.
15. Méta-assureur : personne ou société qui propose une garantie des actifs digitaux, une couverture des risques de vol ou de destruction du métavers local par une attaque extra-métaverselle, des produits d'investissement adossés à des actifs volatils mais collectivement porteurs et avec des conditions de transmission à fiscalité intéressante, des NFTs renversant le classique S/P (ratio sinistre/prime)...
16. Méta-huissier... qui répond à la question : comment faire une saisie de NFT frauduleux dans un métavers avec des anonymes qui déambulent ? (pour approfondir : https://leroi-associes.com/saisie-de-nft/).

17. Méta-marketeur : il translate son expérience et explore les nouveaux liens entre les marques et les possesseurs de parties de cette marque.
18. Méta-enseignant : il partage ses connaissances et passions en utilisant tous les outils interactifs et d'implication à sa disposition.
19. Méta-influenceur : influenceur virtuel, concept très récent. Lil Miquela, Rozy et Ayayi sont leurs doux noms.
20. Méta-tagueur : invité surprise des soirées de lancement, rôdeur invétéré des rues ou des salles de réunion... il laisse sa signature et ajoute sa touche de surprises et d'étonnement aux métavers trop bien léchés.
21. Méta-photographe : il capture les instantanés en 2D, 3D et 4D des métavers en 2D, 2,5D, 3D...
22. Méta-artiste : il comprend et exprime ce qu'il ressent, que ce soit la nouvelle socialisation, les rencontres, la nouvelle urbanité des villes ou espaces de travail...
23. Méta-écrivain : il invente la méta-science-fiction et se nourrit des reliefs d'Inception et Matrix pour ne pas faire des romans qui soient plats.
24. Méta-*event manager* : c'est l'homme de l'organisation réussie de tous les events, que ce soient des salons, des happenings, des rencontres... Travis Scott sur Fortnite est un bon exemple.
25. Méta-journaliste : pour partager avec le plus grand nombre ce qui semble intéressant pour eux en faisant la toujours difficile part entre l'utile et le futile.
26. Méta-politique : professionnel historique qui vient se frotter à de nouveaux modes de pensées et décisions. Prêt à se prendre des méta-vestes moins raides que les méga-vestes.
27. Méta-publicitaire : professionnel qui en plus de faire « zig » quand les autres font « zag », invente des « méta-zig » pour le bonheur attendu de ses clients qui le suivent tant bien que mal.
28. Méta-RH : expert en capital humain, en motivation avancée et en rémunération adéquate des équipes. Un peu dépassé mais apprenant vite de tous les nouveaux méta-métiers.
29. CMO ou *Chief Meta Officer* : *sniper* sorti rapidement de l'ombre pour jouer les « Tontons Flingueurs » avec les e-transformations du directeur et du *Chief Digital Officer* CDO qui l'ont précédé. Ne se méfie pas encore assez des CWO *(Chief Web3 Officer)* qui sont en embuscade un peu plus haut derrière la crête.
30. Méta-CFO *(Chief Financial Officer)* : être de plus en plus inquiet avec l'émergence d'incertitudes de plus en plus grandes, que ce soit sur le plan comptable, fiscal ou réglementaire. Ses questions à l'administration restent sans réponse, ses demandes de rescrit sont autant de lettres

mortes, ses rendez-vous avec ses experts-comptables sont une litanie de questions sans réponses. La dernière sur l'amortissement des terrains achetés dans le métavers lui a gâché deux nuits.

31. Méta-inspecteur des impôts : impossible à identifier derrière un avatar, il est là et collecte patiemment toutes les informations nécessaires en vue d'un jour meilleur pour l'État qui a disparu, et n'est plus là pour lui donner toute son assurance habituelle.
32. Méta-fonctionnaire : c'est une personnalité affirmée qui sait qu'un fonctionnaire est là pour que cela fonctionne. Elle est présente 24 heures sur 24 dans ces mondes qui ne s'éteignent jamais, et donne des réponses dans des temps records.
33. Méta-office de tourisme : pour capter les points forts de son territoire, rassembler les événements et réceptifs les plus avenants. Il a su les mettre en forme pour les rendre attractifs, proposer des packages attractifs et non virtuels… On peut même aller jusqu'à penser un métavers local qui rassemble ces points forts et les personnes les plus à même de les faire vivre. Son métavers incarne et respire l'aspiration de AirBnB qui vend un moment unique avec l'aide des « locaux ».
34. Méta-expert en méta-sécurité : dernier ou premier rempart contre les hordes de *hackers* venues du froid, du chaud ou du tiède pour faire des braquages de toutes les banques à ciel ouvert, de tous les *wallets* qui dépassent des poches de méta-*jeans*, de ramasser tous les NFTs qui traînent par méta-terre ou dans des galeries vides de monde et sans gardiens.
35. Méta-modérateur : il bondit sur les conflits et les terrasse avec sa bienveillance doublée d'une rigueur sans faille et sans reproche.
36. Méta-SEO : « trafic-trafic-trafic » est son mantra. Et tout est permis pour faire du méta-trafic.
37. Méta-*merchandiser* : il identifie les meilleurs spots dans lesquels sont placées des boutiques de NFTs ou des cabines téléphoniques ou sas de téléportation vers deux directions bien précises : le magasin réel de nos arrière-grands-parents et/ou l'internet de nos grands-parents.
38. Méta-*store manager* : il pousse plus loin la rentabilité au m^2 des hypermarchés ou celle au m^3 de Walmart pour penser la rentabilité de surfaces infinies. Il est saisi de vertige et tombe en abîme devant la communication à faire à ses *category managers* des nouveaux méta-planogrammes.
39. Méta-notaire : sur-certificateur local d'accords, d'échanges, de ventes. Éventuel certificateur de validité et de passage de ces métavers vers des contrées anciennes.
40. Méta-cabinet de recrutement : comme le méta-RH, en train de courir après les meilleures compétences du marché mais aussi après la compé-

tence à évaluer ces mêmes compétences. Tout juste acquises, elles sont dépassées. *Un jour sans fin* est leur film préféré.

41. Méta-comptable : on le reconnaît à la curiosité communiquée par son avatar. Il est en permanence en train de lire et de se tenir informé des dernières décisions et surtout non-décisions des autorités. Les traits un peu plus tirés 3 mois par an à chaque clôture des sociétés qu'il certifie.
42. Méta-agriculteur : fan de l'agro-tourisme, qui a trouvé une voie de valorisation de son exploitation et d'attraction de bonnes volontés et de visiteurs pour les prochaines vacances.
43. Méta-maison de retraite : endroit de rêve pour les pensionnaires qui peuvent échanger, parler, jouer. Endroit rêvé par les opérateurs de maisons de retraite : pas de douche, pas de repas, peu de personnel.
44. Méta-télésurveillance : dispositif de surveillance et enregistrement pour contrer les endroits où ont lieu des harcèlements de tout type.
45. Méta-psychologue : professionnel nativement doté d'une culture et lecture « méta », ce qui lui donne une longueur d'avance sur l'interprétation du « malaise dans la civilisation » que peuvent ressentir certains passagers ou habitants des métavers.
46. Méta-inventeur : explorateur de champs combinatoires dépassant largement l'imagination par la combinaison des nombreuses fonctionnalités permises par les *blockchains* combinées avec les multiples métavers existants.
47. Méta-Saint Louis pour occuper une place de choix sous un vénérable chêne virtuel pour rendre justice et une possible médiation à tous ceux qui souhaiteraient voir un conflit rapidement réglé.
48. Méta-publicitaire : explorer les différentes manières de mettre en avant des marques, des concepts, des idées... sur les multiples nouveaux espaces 2D et 3D. Après tout, un homme-sandwich dans un métavers s'appelle aussi un avatar et vice versa.
49. Méta-fermier ou méta-céréalier ou méta-éleveur : gestionnaire d'un étal qui propose en temps réel sa production dans les multiples métavers... mais pour une livraison à domicile.

3. Les formations au métavers

Pour le moment, les profils d'experts du métavers sont rares et peuvent se payer à prix d'or.

Ainsi, la société Roblox a proposé des salaires supérieurs à 400 000 euros à des développeurs expérimentés au début de l'année 2022, défrayant la chronique et attirant des profils qui rêvaient de travailler pour des banques ou des sociétés de conseils il y a encore quelques années.

Ainsi, la formation d'une force de travail qualifiée dans le métavers devient l'un des enjeux majeurs pour les entreprises et les États.

Pourtant, alors que les certificats d'une durée et d'une technicité limitée commencent à fleurir, les besoins en formation sont peu adressés.

Seuls quelques acteurs internationaux prestigieux comme le MIT ou Stanford, ou des écoles spécialisées comme le Metaverse College de Paris commencent à prendre le sujet en main.

Le panorama ci-dessous recense une partie de l'offre de formation disponible, sans viser à l'exhaustivité.

Durée /Technicité	Courte durée	Moyenne durée	Longue durée
Technicité faible	Modules de formations Ex : Udemy, Hub Institute, Accenture, Metaverse College Formation Continue proposent des formations d'une demi-journée à deux jours		
Technicité moyenne	Formations et certificats au code sur Coursera, Nanodegree		
Technicité élevée	Formations sur la stratégie et le code de la Stanford School of Engineering	Bachelors, Masters et MBA du Metaverse College à Paris Masters universitaires spécialisés en informatique et datascience : pas de formations spécialisées aujourd'hui	Doctorats proposés par le Metaverse College Doctorats universitaires

EX

On pourrait citer à titre d'exemple l'initiative française, que nous avons beaucoup décortiquée et qui est centrée sur la formation continue du Metaverse College dans neuf pays couvrant l'ensemble des continents.
Cette structure, dédiée et indépendante, a pour but de former l'ensemble des collaborateurs des entreprises de petites et moyennes tailles, mais aussi des grands groupes internationaux, pour leur permettre de s'adapter à ces méta-métiers de demain, que chaque entreprise devra posséder en son sein.
Il s'agit de douze modules de 90 heures de formation, qui permettent d'obtenir un diplôme, reconnu par France compétences, sur le Web3, le métavers, les NFTs et la blockchain.
La formation se décompose en modules de théorie, QCM et études de cas, validés par un score et un formateur agréé Metaverse College Formation Continue.
Les modes d'apprentissage sont, bien entendu, hybrides : en présentiel, en full digital asynchrone et au sein d'un métavers.
L'idée est ici d'utiliser l'ensemble des potentialités du digital et du Web3 pour proposer aux collaborateurs, où qu'ils soient, de se former à leur manière, et même sur un métavers de formation.
Les cycles de formation se décomposent en modules indépendants qui se sélectionnent en un bloc ou séparément :
- MODULE 1 : Première approche et terminologie (½ journée) ;
- MODULE 2 : Métavers, définitions et bases technologiques (½ journée) ;
- MODULE 3 : Les composants du Métavers (1 journée) ;
- MODULE 4 : La chaîne de valeurs (1 journée) ;
- MODULE 5 : Les différents types de Métavers (½ journée) ;
- MODULE 6 : Crypto et blockchain, les bases (2 journées) ;
- MODULE 7 : Les Métavers, NFTs, blockchains opérationnels (2 journées) ;
- MODULE 8 : Les Métavers, applications concrètes (½ journée) ;
- MODULE 9 : Les exemples de projets Métavers uniques (½ journée) ;
- MODULE 10 : Approche stratégique du Métavers (1 journée) ;
- MODULE 11 : Le cadre juridique des Métavers / NFTs / blockchains (2 journées).

Le but de ces modules est aussi d'instruire les futurs formateurs sur les métavers et de proposer des certificats d'influenceurs reconnus dans les différents secteurs d'activités.

IDÉES CLÉS

- Les Ressources Humaines et les États ne sont pas préparés à l'explosion du métavers.
- Les nouveaux métiers vont être multiples et à inventer.
- Les besoins en matière de formations sont immenses et l'offre est à construire. ■

IV. Les premiers cas d'usage du métavers dans l'assurance

1. Comprendre les échecs de la blockchain dans l'assurance, un préalable

Comme lors des débuts de l'internet en 2000, le scepticisme prévaut dans le monde de l'assurance sur la réelle utilité du métavers.

Il est vrai que de nombreux cas d'usage autour de la *blockchain* et des NFTs se sont soldés par des échecs depuis 10 ans.

Parmi les *failure stories*, il est possible de citer quelques exemples récents ci-dessous.

EX

Le premier cas en assurance est celui du produit Fizzy d'AXA. Lancé à grands renforts d'annonces en 2017, il permettait de mettre en place une assurance paramétrique sur les retards d'avions, grâce à l'utilisation de la blockchain sur les registres des compagnies aériennes : la promesse était une indemnisation immédiate prévue et forfaitaire par virement dès qu'un retard de vol de plus de 2 heures était certifié par la *blockchain*.

Outre le parcours très simplifié proposé aux assurés, ce produit innovant avait eu un certain écho dans l'écosystème français de l'assurance, car il s'agissait du premier service d'assurance fondé sur la blockchain.

Le *smart contract* décidait d'indemniser ou non l'assuré. L'heure d'arrivée prévue de l'avion étant inscrite dans les lignes de code, il récupérait l'heure d'arrivée réelle en se connectant au site Flightstats et faisait la soustraction des deux. S'il y avait plus de 2 heures d'écart, une commande était passée auprès du prestataire de paiement, promettait Fizzy.

Malgré ces avantages, l'offre Fizzy n'a rencontré qu'un succès très limité, avec seulement quelques centaines de polices vendues depuis son lancement en

2017 ; la faute, entre autres, à une commercialisation plus difficile qu'envisagée par l'intermédiaire d'entreprises partenaires, comme des compagnies aériennes, des agences de voyages ou encore des opérateurs de carte de paiement.
La fermeture de cette initiative revêtait donc une dimension symbolique à l'heure où les différentes applications de la *blockchain* dans le domaine de l'assurance ne sont pas encore parvenues à bouleverser cette industrie.

EX

Le deuxième cas est celui de Generali Hong Kong, qui a lancé en 2021, en partenariat avec l'*insurtech* YAS, la première micro-assurance assurance de NFT au monde, dénommée « NFTY », tirant parti de la popularité croissante de la technologie avancée de la blockchain qui certifie qu'un actif numérique –tel que les médias, les chansons, les arts et les objets de collection– est unique et donc non interchangeable.
Le « NFTY » est considéré comme un produit de micro-assurance pionnier, qui ouvre une nouvelle page du secteur de l'assurance et définit les tendances de son développement futur. Le « NFTY », qui fera date, a été le premier produit de micro-assurance au monde à couvrir les NFTs. Ce produit de micro-assurance a d'abord été utilisé pour couvrir le NFT de *Nobody Gets Me*, une chanson non diffusée de Hanjin Tan, un célèbre auteur-compositeur chinois primé de Singapour. La police couvrait le vol et la perte du NFT pour son acheteur.
YAS s'est associé à Assicurazioni Generali S.p.A. Hong Kong Branch (Generali) pour développer conjointement « NFTY », qui était une combinaison harmonieuse de l'innovation et de la technologie agiles de YAS avec les 190 ans d'expérience de Generali dans le secteur, exploitant les domaines inexplorés de la couverture d'assurance NFT. Par exemple, cette assurance pourrait contribuer à remédier à la forte baisse des revenus des créateurs de musique et de la valeur de leurs œuvres, conséquence de l'essor des plateformes de musique gratuite. Elle ouvrira également une nouvelle source de revenus pour la nouvelle génération de musiciens et d'artistes. On s'attend à ce que la demande de couverture d'assurance pour les actifs NFT augmente de plus en plus, avec un énorme potentiel de marché.
Avec « NFTY », les acheteurs auraient bénéficié d'une protection et d'une tranquillité d'esprit supplémentaires et les artistes, les compositeurs, les galeries et les acteurs du secteur auraient pu atteindre un public cible beaucoup plus large. « NFTY » de YAS et son interface de programmation d'applications (API) offraient aux différents types de marchés NFT en ligne une protection indispensable, favorisant le développement du secteur NFT.
Malheureusement, fin 2021, YAS et Generali ont arrêté le produit au bout de 6 mois de test.

EX

En 2016, les assureurs internationaux, incluant un certain nombre de majors français comme Aegon, Allianz, Munich Re, Swiss Re et Zurich, ont voulu innover via B3I, un consortium commun sur la *blockchain* pour intégrer cette technologie dans leurs métiers de la souscription, du traitement des réclamations et des flux financiers intrinsèques.

En septembre 2017, B3I annonçait fièrement une première approche concrète via un prototype commun. L'abandon du projet cet été 2022, est clairement un revers pour le secteur qui n'aura pas su prendre le virage de la décentralisation et de l'automatisation. Le fond du sujet est qu'il n'y a jamais eu de véritable projet simple et opérationnel. Cela débouche sur une insolvabilité programmée, consécutive à un manque de discussion et à une problématique d'entente entre les membres du consortium. L'inertie des grandes structures a aussi été mise en avant par des observateurs du secteur, qui parlait de vase clos.

2. Un impact sur les Français qui tend à s'affirmer

Si l'on se réfère à l'étude d'Ipsos, menée entre novembre 2021 et janvier 2022 sur un panel de 1 000 Français, la proportion de Français qui avaient entendu parler du métavers est passée de 25 % à 40 % et en janvier 2022, 16,7 % ont déclaré avoir déjà visité un métavers. L'intérêt a bondi en moins de 2 mois.

D'après le sondage Ifop publié début janvier 2022, 41 % des Français entre 18 et 49 ans ont déjà entendu parler du métavers.

La France est l'un des pays qui se questionne le plus sur le *World Wide Web* à propos des métavers.

Ceci a été pointé du doigt par l'agence de consulting britannique, Walkme, avec plus d'1 million de recherches générées par les Français.

D'ici à 2024, 25 % des entreprises intégreront des applications et des services hérités avec des applications Web3 décentralisées.

3. Les promesses du métavers dans l'assurance

3.1 Un impact multidimensionnel

Le métavers peut impacter l'assurance autour de deux dimensions.

▶ Dimension 1

Il existe une opportunité réelle d'assurer l'économie du Web3. Cela comprend un large éventail d'actifs liés au Web3 (par exemple, les monnaies numériques, les NFTs) et les assurances de responsabilité (par exemple, la responsabilité civile des entreprises, la responsabilité professionnelle des entreprises et des risques liés au Web3). Le champ des risques potentiels à couvrir est large.

▶ Dimension 2

La deuxième dimension est la possibilité de développer de nouvelles propositions et de nouveaux modèles commerciaux fondés sur le Web3. Il convient de noter que la technologie et les capacités du Web3 peuvent également être utilisées pour fournir des assurances dans l'économie traditionnelle, ainsi que dans l'économie Web3.

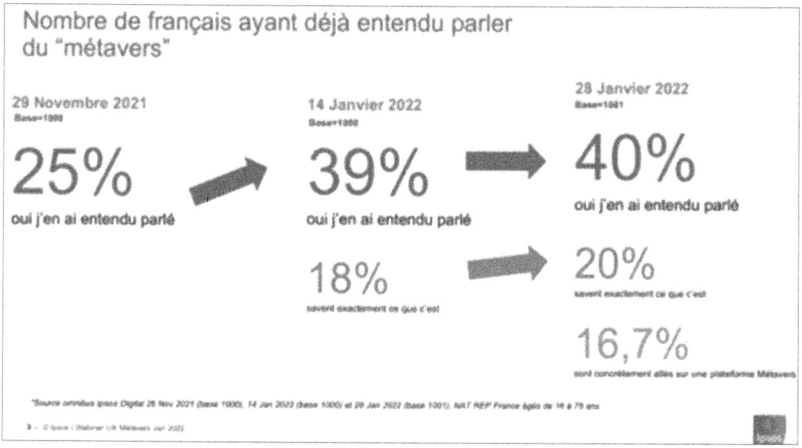

Illustration 19 - source : France Meta.

Pour illustrer cette idée nous avons synthétisé la nouvelle proposition de valeur du Web3 à l'aide du schéma de synthèse ci-avant.

Les impacts seront nombreux sur la chaîne de valeur assurantielle :

- Sur la gestion des sinistres, épine, depuis toujours, de la relation client, les métavers vont permettre la mise en place d'un véritable accompagnement immersif et 24 heures sur 24, 7 jours sur 7 ;
- Sur la partie souscription, les datas automatisées, insérées dans les NFTs, permettront une meilleure connaissance du risque et donc une capacité de souscription plus forte et plus rapide des assureurs ;
- Sur la partie anti-*churn* et rétention client, les NFTs permettront une meilleure fidélisation via des *rewards* numériques applicables dans la vie réelle et des accès à des parties de métavers d'assurance ;
- On assistera à une inversion des *business models* en *play-to-earn,* où l'assurance sera un gain au sein des métavers pour mieux se couvrir ou se protéger ;
- L'expérience d'assurance s'en trouvera radicalement changée, comme en témoigne celle que construit AXA sur The Sandbox. La perception de l'assurance aussi en quelque sorte.

3.2 Les impacts sur les assurances multirisques habitation et automobile

Comme illustré ci-dessous, nous allons assister à l'apparition de *wallets* d'assurance où les clients conserveront leurs actifs numériques, puis intégreront l'ensemble de leurs datas d'assurance (contrats, avenants, justificatifs et preuves de risques automatiquement mises à jour).

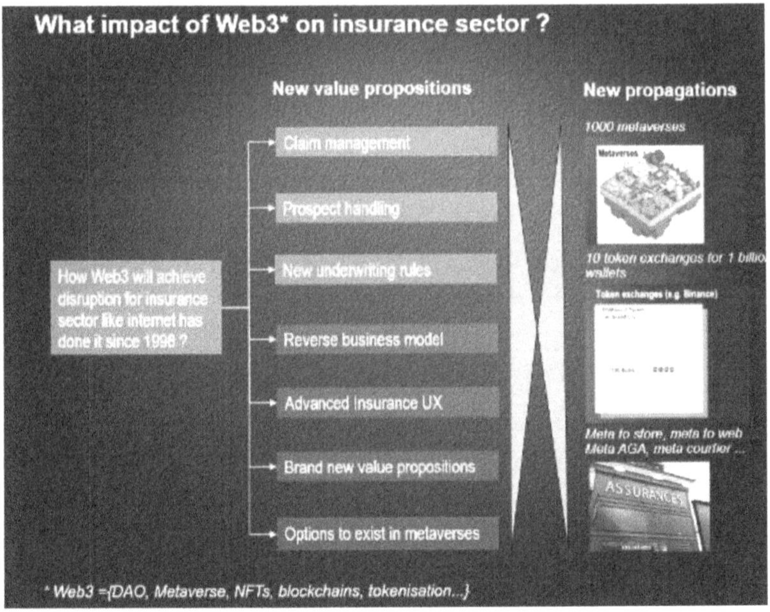

Illustration 20 - source : France Meta.

Cette mise à jour automatique des données clients via les NFTs va simplifier l'assurance dans son ensemble : le parcours client obligatoire sera un transfert automatique de datas sécurisées en un clic via le *wallet*.

Élément central de conservation et de propriété numérique, le *wallet* sera la clé d'une assurance paramétrique : demain, les données de votre véhicule et de votre maison seront centralisées dans leur NFT, qui pourra inclure l'état d'entretien, les travaux de réparation et d'amélioration, le green impact, et les valorisations des biens et options de ces produits.

On y ajoute les visites virtuelles du véhicule effectuées via QR code et enregistrées en *blockchain*.

Pour assurer un risque, il sera nécessaire d'ouvrir les NFTs afférents au risque, pour que l'assureur vérifie les datas nécessaires à la tarification automatique.

3.3 Les impacts sur les assurances retraite et prévoyance

La capacité des métavers à traiter des différentes séquences de vies des avatars et donc de l'ensemble de nos données numériques (santé, finances, actifs réels et virtuels) leur permettra de poser les bases d'une assurance retraite paramétrique et de jouer sur les datas de la prévoyance, pour apporter une *value chain* à l'assurance de demain.

Les données récoltées par les métavers pourront valider les polices souscrites par les utilisateurs.

En un mot, votre avatar, gardien de votre identité numérique, va gérer vos actifs de santé virtuels mais aussi réels pour que votre assureur puisse automatiser l'ensemble des revenus ainsi retirés sur vos polices souscrites en amont.

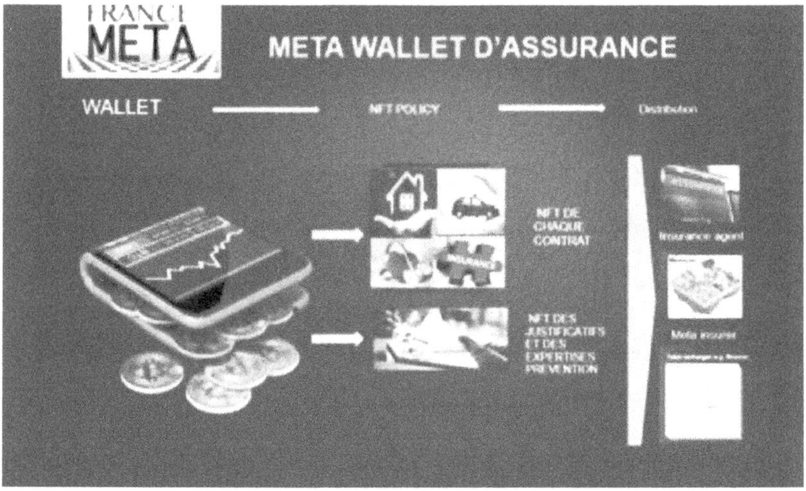

Illustration 21 - source : France Meta.

3.4 Les impacts en matière de risk-management

Les risques seront managés via les *smart contracts*. La prévention numérique sera gérée via des visites virtuelles par QR code qui produiront des NFTs Risk mis à jour dans les wallets des entreprises et des compagnies, ce qui permettra aux *risk managers* d'avoir une vision en temps réel des risques et donc de négocier la mise à jour des primes.

Lorsqu'un nouveau risque entre en portefeuille, il est immédiatement visité, scoré et inclus dans le *wallet* de l'entreprise. Si besoin, on inclut ce risque dans le métavers de l'entreprise par une représentation 3D, où les avatars de l'assureur peuvent se déplacer pour contrôler en temps réel les valeurs, les non conformités, les recommandations et les reconstructions.

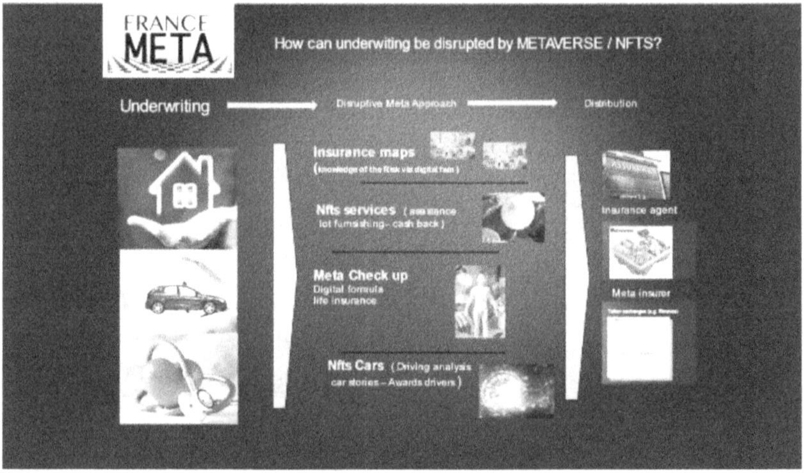

Illustration 22 - source : France Meta.

Le sinistre peut dès lors être géré par le risk manager, en direct, via des drones envoyés sur site, qui corroborent ou non le métavers du risque en ajustant celui-ci en temps réel et précalculant les dommages pour prendre les mesures d'urgence nécessaires après enregistrement dans la *blockchain* des machines ou des bâtiments endommagés. La durée du traitement du sinistre va s'en trouver considérablement raccourcie, le *process* d'assurance amélioré et la satisfaction client augmentée.

3.5. Les impacts pour les experts en incendie et risques et les contrôleurs sinistres

Le métier d'expert va lui aussi évoluer en profondeur car il pourra intervenir en virtuel en temps réel sur un dossier et utiliser les NFTs de connaissance du risque pour régler le dossier en une unité de temps. (Voir illustration 23 page suivante).

Il pourra aussi dans un premier temps fixer les rendez-vous dans le métavers d'assurance pour réunir toutes les parties et éviter ainsi les déplacements devenus inutiles.

Il pourra également s'immerger dans le risque enregistré antérieurement pour reconstituer, de manière fiable, les valeurs avant sinistre et les vétustés. En un mot, le virtuel sera une capsule d'analyse en temps réel.

Le gestionnaire de sinistre en compagnie va pouvoir débloquer des NFTs serviciels pour reloger les assurés dans des espaces pré-négociés, et permettre le rééquipement de biens via des NFTs cartes cadeaux.
En un mot : plus d'indemnisation, mais la recharge des *wallets* des clients de NFT claims pour les rééquiper.

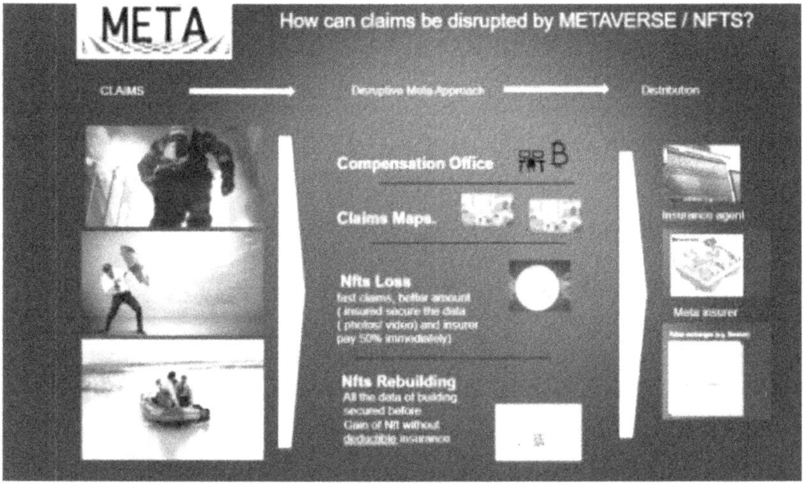

Illustration 23 - source : France Meta.

4. Les cas d'usage en France

4.1 AXA

AXA a lancé des initiatives multiples et significatives dans le métavers. La liste des exemples n'est évidemment pas exhaustive.

▶ Le fonds métavers d'AXA Investment Managers AXA IM

La stratégie d'AXA, en termes d'investissements, est orientée sur le métavers. Cette stratégie vise à générer une croissance à long terme à partir d'un portefeuille d'actions cotées, géré de manière active. Elle consiste à investir dans quatre sous-thèmes représentatifs des différents aspects du métavers : les jeux, la socialisation, le travail et les infrastructures technologiques.

▶ AXA dans le métavers The Sandbox

AXA pourrait avoir demain des interactions à base d'avatars de salariés ou de clients. Le caractère ludique et immersif peut permettre d'améliorer certains échanges, certaines réunions. La représentation par l'intermédiaire d'un avatar dans un monde virtuel pourrait mettre tout le monde sur un pied d'égalité et libérer la parole, au-delà des réflexes hiérarchiques. On peut faire en sorte que dix avatars ne soient pas perçu de la même manière qu'« un chef et neuf collaborateurs » dans une réunion. Cela pourrait aussi être un moyen d'ouvrir de nouveaux possibles en termes de créativité.

Ces nouvelles technologies arrivent à un stade de maturité et ont changé ce qu'il était possible d'envisager pour animer une communauté.

AXA estime pouvoir prendre le risque de tester et d'apprendre en direct plutôt que de faire de grandes études de marché.

4.2 Roam, une méta-fédération d'assurance

En 2022, Roam (Réunion des Organismes d'Assurance Mutuelle) continue de défricher les nouveaux territoires en lançant le premier métavers d'assureurs.

Pour l'ouverture de son « MétaRoam », ses adhérents ont participé à une sensibilisation au métavers pour appréhender ce monde virtuel, le 4 juillet 2022.

Près de 71 assureurs (de taille petite et modeste) et l'ensemble de leurs collaborateurs ont ainsi pu se retrouver, 24 heures sur 27 et 7 jours sur 7, dans cet univers virtuel afin d'en comprendre son fonctionnement. Cet univers collaboratif 2D a été créé avec la startup française WorkAdventure et son partenaire Azteq, pour développer les échanges et interagir entre adhérents, de façon plus ludique, aux quatre coins de la France, tout comme l'ont déjà fait Bouygues Telecom ou encore Veepee pour l'ensemble de leurs salariés à l'échelle internationale !

David Bigot, Délégué général de Roam a voulu y voir une volonté forte du monde des petites et moyennes entreprises d'assurance, partageant des valeurs mutualistes, de créer une méta-empreinte dès 2022 pour les clients et sociétaires, actuels et en devenir, de ses membres.

4.3 Les agents généraux Thelem et Axa

Comme bien souvent dans l'assurance, l'innovation vient des clients et c'est par le biais des agents généraux que le métavers est entré dans l'assurance.

Tout est parti de l'initiative d'un agent général, François Pannecoucke, qui est un pionnier. Cet agent d'assurance, affilié au réseau AXA, a ouvert, en mars 2022, la première agence française d'assurance dans le métavers. Des bureaux, une salle de réunion, une salle d'attente avec canapés et plantes vertes : l'endroit se veut accueillant et conforme à une agence physique, à l'exception d'une voiture qui trône dans l'entrée. « Il fallait que les locaux ressemblent le plus possible à ceux dans lesquels nous travaillons », déclare François Pannecoucke, qui dirige une agence à Bully-les-Mines, dans le Pas-de-Calais, et emploie quatre salariés.

Depuis plusieurs semaines, l'assureur voit donc défiler dans ses locaux virtuels des visiteurs, des prospects, mais aussi des clients, comme dans la vraie vie. « Je suis avant tout un commerçant de proximité. L'enjeu, c'est de tout faire pour optimiser les relations avec mes clients. Le métavers, c'est un outil supplémentaire, en un peu plus ludique », explique François Pannecoucke. L'agent général réunit également ses salariés tous les lundis matin dans leur espace virtuel.

La méta-agence présente tout de même une grande différence par rapport à son agence en France. Le profil type des visiteurs est, tout d'abord, radicalement différent.

D'après ses déclarations, l'agent général fréquente essentiellement des passionnés en informatique lorsqu'il est dans l'univers numérique. Outre leurs métiers ou passions, les besoins et les préoccupations des deux catégories sont aussi différents.

Son initiative s'est essaimée auprès d'autres confrères agents généraux, chez Thelem notamment, et prend de l'ampleur.

4.4 Le cas d'usage de la méta-médiation et de la protection juridique : CFDP

L'utilisation des nouvelles technologies par les institutions publiques ne date pas d'hier au vu des outils *blockchain* applicatifs utilisés par l'administration centrale pour les successions sans héritier, et cela dès 2020.

Pour se focaliser sur la partie médiation et sa résonance sur le monde de l'assurance, il faut chercher chez des compagnies spécialisées sur le sujet, et sur le pendant protection juridique qui en découle.

Le cas dont nous allons parler ici est celui qui a été présenté tout récemment lors du deuxième congrès international de la médiation d'Angers, qui a réuni la majorité des acteurs du droit de la médiation dont de nombreux assureurs, et CFDP qui en était le sponsor officiel.

La table ronde sur Justice - Assurance - Médiation, un triptyque vertueux, a en effet exploré l'usage des métavers comme outil innovant de médiation décarbonée, efficiente, et permettant un accès simplifié au droit via l'assureur concepteur de l'outil de médiation virtuel et immersif.

Outil complémentaire, le métavers nous emmène vers la médiation numérique de demain, où l'humain s'exprime par le biais d'un avatar, témoin de cette nouvelle identité numérique.

Dans ce droit fil, CFDP, compagnie d'assurance à la pointe des solutions innovantes, en résonance avec sa fédération, la ROAM, dont nous avons parlé précédemment, a décidé dès juin 2022 de construire son propre métavers pour y avoir ses bureaux et sa bibliothèque de contrats, et y gérer ses processus de protection juridique, y compris de la médiation, comme évoqué lors du congrès d'Angers.

On assiste ici à la prise de conscience, par un acteur majeur de la protection juridique, CFDP, des potentialités du métavers, en termes de gestion interne des relations entre ses assurés et ses conseillers de haute proximité juridique, comme une terre d'entente, ADN de la marque.

Les premiers pas concernant la gestion du processus d'assurance en termes de litiges et l'exploration des différentes possibilités offertes à l'assuré, guidées par un avatar de la compagnie d'assurance, nous semblent prometteurs, donnant de facto à la médiation une nouvelle résonance.

Il est bien évident à nos yeux que la feuille de route de CFDP va clairement dans le sens de la souscription des contrats et de l'ensemble du *process* d'*underwriting* 3.0 où le métavers est un outil, qui pourra être renforcé par l'utilisation des NFTs, véhicules sous-jacents des métavers, adaptés de surcroît à l'automatisation du monde de l'assurance via la blockchain.

4.5 Le cas d'usage de la résolution de claims via le métavers, par le cabinet d'expertise AZTEQ

Nous terminerons les méta-usages des métavers en assurance en France via l'usage d'un cabinet d'expert d'assurance innovant.

En effet, dans le cas de sinistres importants, AZTEQ propose d'utiliser le métavers comme un lieu de rencontre express des parties au dossier (assureur, experts, assurés, avocats, décontaminateurs, etc.) pour faire une réunion de reconnaissance, afin de valider les mesures conservatoires et les étapes à suivre, avant de prévoir une réunion sur site pour valider les premières hypothèses. Le métavers est ici un outil d'urgence et de facilitation de la gestion du dossier.

De plus, pour les petits sinistres, l'expert réunit les parties via leurs avatars, pour faire signer le protocole par signature électronique, gagnant ainsi un temps précieux sur le déplacement, mais apportant significativement plus qu'un échange téléphonique, utilisant la *blockchain* comme huissier numérique.

5. Les cas d'usage en Europe

Plusieurs usages sont actuellement en cours de lancement à travers l'Europe. Nous avons relevé plusieurs exemples marquants.

Ainsi, Caixabank se lance dans le métavers. Dans le cadre de ce projet, le numéro un de la banque espagnole s'appuie sur son enseigne Imagin, dédiée à la jeunesse.

Par ailleurs, BNP Paribas Real Estate poursuit le développement de W.I.R.E.D. (Wearable Immersive Real Estate Dataroom), jumeau numérique dédié à la ville d'hier, d'aujourd'hui et de demain. Avec des données lui permettant de reproduire les évolutions passées et d'anticiper les mutations à venir des villes, cet outil d'analyse et de prospective immobilières propose une immersion virtuelle au cœur des cités.

Principales nouveautés : la capacité de visionner des quartiers dans toute l'Europe avec des données qualifiées sur plusieurs millions d'immeubles, ainsi que la possibilité de se rencontrer dans cet espace virtuel afin de « e-visiter » ensemble les actifs à la vente ou à la location.

Pour y parvenir, BNP Paribas Real Estate s'est entouré des meilleurs experts mondiaux de la réalité immersive notamment dans le domaine des jeux vidéo et du cinéma à effets spéciaux. La technologie de Unity, plateforme de référence en matière de création et d'exploitation de contenu 3D interactif en temps réel (3DTR), permet aux équipes de BNP Paribas Real Estate de disposer d'un outil de visualisation des données immobilières en 3D, aux qualités graphiques exceptionnelles et dans une réalité concrète et contextualisée.

BNP Paribas Real Estate s'est également associé à Magic Leap, entreprise développant une technologie optique de pointe de réalité augmentée, destinée aux entreprises. Lors de Viva Technology, la startup a mis à disposition ses nouvelles lunettes, Magic Leap 2. Ces dernières offrent le plus grand champ de vision du marché ainsi qu'une qualité d'image optimale et un rendu numérique exceptionnel grâce à une technique de trempage novatrice qui solidifie le contenu numérique dans des environnements lumineux.

Si le jumeau numérique est nécessaire, il n'est toutefois plus suffisant pour comprendre des marchés immobiliers. L'atout majeur de W.I.R.E.D. est son intégration d'une masse considérable d'informations complémentaires, qu'il permet de mettre en forme et donc de visualiser. Grâce au croisement des données internes à BNP Paribas Real Estate avec celles issues de l'open data, le client a à sa disposition des millions de bâtiments et leurs alentours, visionnables à travers les âges (entre 1997 et 2030) et dans toute l'Europe. Pour fusionner ses données préalablement qualifiées et d'une qualité rare, BNP Paribas Real Estate s'est appuyé sur la technologie ESRI, une solution d'intégration basée sur les technologies Nvidia, et qui permet une assimilation et également une mise à jour en temps réel des données, quelle que soit leur source (data publique, études prospectives, enquêtes, objets connectés…).

6. Les cas d'usage dans le monde

Les nouveaux bureaux du IMA Financial Group ne sont ni en Europe, ni en Asie. Le puissant courtier américain a posé ses valises à Decentraland dont nous avons parlé précédemment. Ces parcelles sont des NFTs qui peuvent être achetés grâce à de la cryptomonnaie.

Ce laboratoire de R&D en ligne sera utilisé pour mieux comprendre ce marché émergent du risque qui entoure le métavers, les NFTs ou encore les cryptomonnaies. IMA, l'un des dix plus gros courtiers aux États-Unis, investit donc le champ du Web3. Inconnu du grand public il y a encore quelques mois, le métavers a pris de court un grand nombre de secteurs, de l'art à l'assurance. Et si IMA met la main au portefeuille, c'est tout sauf anecdotique.

En achetant des locaux numériques, IMA adresse un signal fort. Le courtier donne à l'assurance et aux milieux financiers une opportunité de se tourner vers ce monde de façon sérieuse.

Le secteur des banques et assurances y va aussi avec rapidité : JPMorgan ouvre sa première agence sur Decentraland.

JPMorgan a été la première banque à ouvrir une succursale dans le métavers, plus précisément dans le centre commercial Metajuku, l'un des quartiers virtuels les plus luxueux de Decentraland. Sur la plateforme, tous les terrains disponibles sont des NFTs, de sorte que chaque espace a ses propres caractéristiques, qui ne peuvent être reproduites ailleurs sur la carte du jeu. À l'avenir, la nouvelle agence pourrait avoir la même fonction que les agences traditionnelles. Ainsi, les utilisateurs pourraient retirer de l'argent par le biais du guichet automatique ou demander un prêt immobilier ou à la consommation.

Dans un rapport publié en 2021, la banque américaine a estimé que le métavers pourrait rapporter environ 1 000 milliards de dollars de revenus par an aux entreprises qui décident d'y entrer, même si tous les éléments de ce dernier ne seront pas vraiment utiles pour faire des affaires.

En Corée, l'assureur Heungkuk Life Insurance a rejoint, fin 2021, l'alliance coréenne du métavers.

Cette union, lancée en mai 2021 par le ministère des sciences et des technologies de l'information et de la communication coréen, regroupe plus de 300 compagnies nationales, dont les leaders Samsung Electronics et Hyundai. Ce partenariat devrait permettre aux clients de Heungkuk Life Insurance de consulter leur agence à l'aide d'un casque de réalité virtuelle.

Cependant, au-delà de ces quelques exemples, rares encore sont les acteurs mondiaux de l'assurance à s'être positionnés dans le métavers.

Comme on peut le constater, les expérimentations sont nombreuses mais encore émergentes dans le secteur de l'assurance.

IDÉES CLÉS

- Le métavers fait la une de la presse assurance depuis un an.
- Les cas d'usage se multiplient en France, en Europe et dans le reste du monde.
- Aucun succès commercial majeur ou levée de fonds dans le secteur n'a encore pleinement réussi à créer une marque majeure au sein de l'industrie. ■

V. L'avenir de l'assurance et du métavers

1. Les impacts juridiques et financiers du métavers

Le métavers est un concept récent, en évolution, dont les contours ne sont pas encore complètement définis. De même, le métavers est source de nouvelles utilisations, transactions. En ce sens, il vient exacerber les risques inhérents aux nouvelles technologies.

Dans ce contexte, il est légitime de se poser la question de savoir si les concepts et les règles juridiques existants suffisent, ou s'il conviendra à l'avenir d'encadrer le métavers par une réglementation spécifique.

Quels sont les domaines touchés ? Comment favoriser une utilisation sécurisée et optimale des utilisateurs ?

1.1 Les principaux domaines touchés

▶ La gestion des données à caractère personnel

La gestion des données à caractère personnel est déjà un sujet prégnant dans notre fonctionnement actuel via l'internet et sur les réseaux sociaux.

Dans un univers métavers, la gestion des données à caractère personnel est encore plus sensible car le métavers implique une capacité de collecte de données plus importante ainsi qu'une captation de données très personnelles.

À titre d'exemple, il est probable que dans un futur proche un utilisateur s'identifie dans le métavers différemment que via un identifiant et un mot de passe comme cela est majoritairement le cas aujourd'hui. Ce dernier doit en effet être capable de prouver son identité. Pour se faire, il est envisagé d'avoir recours à la biométrie via la reconnaissance du visage, l'identification de la rétine ou la voix. Ces données sont particulièrement sensibles, du fait de leur caractère unique.

De même, le comportement des individus et les données attachées seront collectées et leur traitement contribuera aux évaluations statistiques et à la maîtrise du comportement de l'utilisateur à l'origine de ces données. À l'heure actuelle, dans un environnement tel que celui de l'internet, la collecte de données des utilisateurs existe déjà. Cependant, le développement des environnements métavers devrait amplifier cette collecte de données, que ce soit au niveau du volume ou du type de données collectées et, en cela, augmenter les risques associés. Cela va amener de nouvelles questions notamment au niveau de la conformité.

La question se pose donc de savoir si la réglementation actuelle sur la protection des données (Règlement Général sur la Protection des Données -RGPD- et Loi Informatique et Libertés) suffit à encadrer l'utilisation des données dans le métavers.

Les juristes s'accordent aujourd'hui à dire que, jusqu'à un certain point, les règles et principes énoncés par la loi RGPD de 2018 concernant la protection des données, tant d'un point de vue de la protection des données pour l'utilisateur que d'un point de vue des plateformes créatrices des environnements métavers, sont applicables aux environnements virtuels que constituent les métavers. Il en est ainsi notamment de l'information à donner aux utilisateurs sur l'utilisation des données collectées. De même, le RGPD va contraindre les plateformes éditrices d'univers métavers dès la conception de l'univers selon le principe de « Privacy by Design ».

IMPORTANT

Le « privacy by design » est un principe instauré par le RGPD, entré en vigueur en 2018. Il requiert la mise en place des mesures de protection des données personnelles dès la conception de nouveaux projets ou technologies. Ainsi, les entreprises doivent anticiper l'application des règles du RGPD lors de la création de nouveaux produits ou services.

Il en sera de même pour les éditeurs d'environnements virtuels qui devront faire en sorte de prendre en compte le principe du « privacy by design » au stade de leur conception.

Cependant, la limite et la complexité viendront notamment des enjeux de territorialité. En effet, la loi RGPD a une portée communautaire. Elle s'applique, ainsi, à tout traitement de données personnelles réalisé dans le cadre d'une offre de services proposée à des personnes résidant au sein de l'Union Européenne.

Or, les univers métavers n'ont pas de frontière. Cela implique que les plateformes éditrices des métavers s'adaptent au droit applicable en fonction de la géographie de leurs utilisateurs, ce qui est source de complexité.

▶ L'application des droits d'auteurs et de copyright

Le Web 2.0 a révolutionné l'internet avec l'apparition des publications et créations de contenus par les internautes ; le Web3 et les environnements métavers associés devraient accentuer ce phénomène. On peut légitimement anticiper un volume de créations plus important.

Les plateformes à l'origine des environnements métavers vont très certainement définir, au sein de leurs conditions générales d'utilisation, les conditions applicables aux œuvres créées et prévoir les droits associés. Il conviendra, cependant, pour les créateurs d'œuvres ou de contenus, d'être vigilants quant à ces conditions et à la vision des droits parfois large et étendue appliquée par les plateformes, comme cela a d'ores et déjà pu être le cas sur certaines plateformes internet au sein du Web 2.0.

Au niveau du droit français, l'article L. 112-2 du Code de la propriété intellectuelle devrait trouver à s'appliquer aux œuvres, réelles ou virtuelles, créées dans un métavers. En effet, ce dernier comprend dans sa rédaction une liste non exhaustive des différents types d'œuvres pouvant être protégées par le droit d'auteur dont, notamment, la musique, les images, les vidéos, les œuvres de dessin, de peinture, d'architecture, les œuvres graphiques et typographiques ou encore les logiciels.

Ainsi, les dispositions du Code de la propriété intellectuelle, tout particulièrement les articles L. 112-1 et L. 112-2, du fait notamment de la notion d'œuvre de l'esprit, semblent s'appliquer aux créations virtuelles au sein d'un métavers. En conséquence, les créateurs devraient bénéficier de la protection de leurs droits d'auteurs à la condition que les œuvres puissent être identifiées comme œuvres originales, c'est-à-dire qu'elles portent l'empreinte de la personnalité de son auteur. Le certificat NFT devrait pleinement jouer ce rôle.

De même, toute reproduction d'une œuvre réelle dans le métavers nécessitera l'accord des ayants droit, conformément au droit applicable. Le mécanisme des cessions de droit, traditionnellement mis en œuvre dans ce cas, pourra être appliqué par tout auteur envisageant d'accorder une diffusion de sa création de forme originale sur le métavers.

IMPORTANT

Article L. 112-1 du Code de la propriété intellectuelle : « Les dispositions du présent code protègent les droits des auteurs sur toutes les œuvres de l'esprit, quels qu'en soient le genre, la forme d'expression, le mérite ou la destination. »

Article L. 112-2 du Code de la propriété intellectuelle : « Sont considérés notamment comme œuvres de l'esprit au sens du présent code :

1° Les livres, brochures et autres écrits littéraires, artistiques et scientifiques ;

2° Les conférences, allocutions, sermons, plaidoiries et autres œuvres de même nature ;

3° Les œuvres dramatiques ou dramatico-musicales ;

> 4° Les œuvres chorégraphiques, les numéros et tours de cirque, les pantomimes, dont la mise en œuvre est fixée par écrit ou autrement ;
> 5° Les compositions musicales avec ou sans paroles ;
> 6° Les œuvres cinématographiques et autres œuvres consistant dans des séquences animées d'images, sonorisées ou non, dénommées ensemble œuvres audiovisuelles ;
> 7° Les œuvres de dessin, de peinture, d'architecture, de sculpture, de gravure, de lithographie ;
> 8° Les œuvres graphiques et typographiques ;
> 9° Les œuvres photographiques et celles réalisées à l'aide de techniques analogues à la photographie ;
> 10° Les œuvres des arts appliqués ;
> 11° Les illustrations, les cartes géographiques ;
> 12° Les plans, croquis et ouvrages plastiques relatifs à la géographie, à la topographie, à l'architecture et aux sciences ;
> 13° Les logiciels, y compris le matériel de conception préparatoire ;
> 14° Les créations des industries saisonnières de l'habillement et de la parure. Sont réputées industries saisonnières de l'habillement et de la parure les industries qui, en raison des exigences de la mode, renouvellent fréquemment la forme de leurs produits, et notamment la couture, la fourrure, la lingerie, la broderie, la mode, la chaussure, la ganterie, la maroquinerie, la fabrique de tissus de haute nouveauté ou spéciaux à la haute couture, les productions des paruriers et des bottiers et les fabriques de tissus d'ameublement. »

▶ La responsabilité des avatars sur le métavers

L'existence virtuelle des avatars est propre au métavers. En ce sens, nous sommes dans une situation inédite et nous devons comprendre comment appréhender la responsabilité des actes des avatars dans leur métavers. Comment caractériser légalement les agissements illicites entre personnages virtuels (insulte, vol, harcèlement voire agression sexuelle…) ?

Ainsi, nous pourrions considérer qu'il s'agit d'une situation nouvelle au titre de laquelle il conviendrait de légiférer. En effet, il n'existe pas en tant que tel de régime juridique spécifique permettant d'encadrer la responsabilité des avatars.

Cependant, l'avatar tel que nous le connaissons dans les environnements métavers existants n'agit pas de façon autonome. Derrière chaque avatar se cache un utilisateur physique. L'avatar n'est en ce sens qu'une interface. En toute logique, la personne « réelle » devra répondre des agissements illicites qu'elle aura perpétrés en ligne via son avatar.

EX

Prenons l'exemple de la loi sur la liberté de la presse. Elle s'appliquera à l'utilisateur d'un avatar qui insulte un autre avatar : celui-ci devra donc s'abstenir d'injurier ou de diffamer d'autres avatars sur le métavers au risque de contrevenir à ce texte ! Ce raisonnement, valable pour la liberté d'expression, pourrait vraisemblablement être étendu à d'autres agissements illicites commis au sein d'un environnement virtuel (vol, agression, etc.).

▶ L'application des droits du contrat sur le métavers

Chaque métavers devrait disposer de conditions générales de vente (CGV) ou d'utilisation (CGU) qui précisent notamment les conditions contractuelles au sein du métavers ainsi que les modalités de fonctionnement.

Le contrat établi entre l'utilisateur et le métavers vient reprendre l'ensemble des conditions et droits bénéficiant aussi bien à l'utilisateur qu'à l'éditeur de la plateforme et doit permettre de clarifier les règles applicables aux transactions.

En cas de litige, et si le contrat est bien rédigé, un juge, un médiateur ou un arbitre se fonderont sur les conditions des contrats pour trancher le litige.

De même, si l'on s'attache à l'œuvre et à son certificat, il faut distinguer le NFT (le certificat qui assure l'authenticité) du sous-jacent (le bien numérique en question). Or, dans certains cas, l'acheteur peut acquérir le NFT mais sans le sous-jacent. Tout cela étant très spéculatif pour le moment.

Tous ces détails sont nichés dans les conditions générales d'utilisation des grandes plateformes comme OpenSea (où s'achètent et se vendent les NFTs), ainsi que dans les *smart contracts*, le document que signe l'internaute lors de la transaction. Dans ces contrats, la plateforme peut, par exemple, se ménager une licence d'exploitation à vie, ce qui fait que l'acheteur n'est pas pleinement propriétaire.

CONSEIL

La plus grande vigilance est donc de mise, comme évoqué précédemment. Soyez attentifs aux conditions contractuelles pour vous garantir une pleine propriété du produit ou service virtuel et ainsi une pleine capacité de monétisation !

▶ Le droit des marques, le risque de fraude

Les marques s'intéressent de très près au métavers. Ce dernier est source de développement commercial et de rayonnement international accru. On pourrait citer Adidas et son événement *Into the Metavers*, ou Nike avec son acquisition en décembre 2021 du créateur de *sneakers* et de biens virtuels de collection, RTFKT.

Les titulaires de marque doivent donc dès à présent anticiper et adapter leur protection à cette nouvelle forme d'exploitation. Cela passe en premier lieu par la nécessité de protéger la marque au-delà des classes de produits et/ou services sur lesquels elle est traditionnellement déposée.

De même, une vigilance plus intense va s'imposer au sein de ces univers virtuels, où les risques et possibilités de contrefaçon sont plus nombreux, comme l'illustre l'exemple d'Hermès ci-dessous.

EX

En novembre 2021, l'artiste Mason Rothschild a créé le MetaBirkins NFTs. Il s'agit d'un objet virtuel fortement inspiré du célèbre sac Birkins d'Hermès. Ces créations ont connu un grand succès, ce qui a incité l'artiste à élargir sa collection. Il a ainsi créé une centaine de Metabirkins.

Cependant, ce dernier a réalisé ce projet sans l'accord du groupe Hermès, qui a porté en justice son différend avec l'artiste au titre de la violation de sa marque.

Bien qu'Hermès lui ait demandé via une mise en demeure de cesser de copier ses produits pour en tirer profit, ce dernier a poursuivi ses ventes. Hermès a donc décidé de porter cette affaire en justice et a déposé une plainte au tribunal fédéral de Manhattan. Mason s'estime protégé par le 1er amendement.

La force commerciale du métavers peut aussi dépasser les espérances de la marque. Cette dernière peut ainsi perdre le contrôle. C'est d'une certaine manière qui est arrivé à la marque Gucci.

EX

Gucci, via l'expérience Gucci Garden sur Roblox, a vendu des articles virtuels Gucci exclusifs. Cet événement, créé par la maison italienne, a permis aux joueurs d'acheter des articles Gucci exclusifs. Plusieurs joueurs ont investi pour acheter les sacs à main virtuels et autres produits Gucci. S'en est suivie une vague de revente massive de ces produits virtuels, à des sommes plus importantes que ne coûtent les originaux.

Plus globalement, tous les risques auxquels nous sommes confrontés au quotidien dans le monde traditionnel existent dans le monde virtuel que constituent les environnements métavers. Leur fréquence, leur importance sont amplifiées par les effets de volume qu'implique le développement exponentiel des métavers.

Des incertitudes quant à la capacité à gérer ces risques d'un point de vue réglementaire existent dans la mesure où, comme nous l'avons indiqué en introduction de ce chapitre, c'est un monde dont les contours sont encore en construction.

1.2 Quelles solutions réglementaires à court terme ?

▶ La régulation existante en premier support

Le métavers est encore aujourd'hui proche du monde réel. Derrière un avatar, il y a bien une personne physique ou morale ; une vente, même d'un objet virtuel payé en cryptomonnaie via un NFT, reste une transaction entre deux parties.

À ce titre, il semble que les règles et lois qui régissent le monde réel traditionnel puissent trouver à s'appliquer sur des transactions du monde virtuel, soit parce que la rédaction de la loi permet d'englober ces transactions réelles du monde virtuel, soit par pragmatisme en vertu de l'esprit du texte, soit du fait d'un point d'accroche dans le monde réel.

EX

Un avatar n'agit pas aujourd'hui de manière autonome. Il a été créé par un utilisateur physique qui est à l'origine des actions réalisées par l'avatar. Ainsi dans le cas un acte illicite de l'avatar, il semble tout à fait possible de rechercher la personne physique en responsabilité.

IMPORTANT

L'article L. 221-1 du Code de la consommation, dans sa rédaction actuelle, semble à première vue difficile à appliquer aux transactions intervenant dans le métavers, au sens qu'il ne prévoit pas le cas de ventes ou de prestations à distance. Cependant, on pourrait assimiler ce type de transaction à un contrat à distance, ou de nouveau rattacher la transaction à la personne physique à l'origine de l'avatar qui a établi la transaction. Ainsi, l'article L. 221-1 du Code de la consommation trouvera à s'appliquer.

▶ Des évolutions réglementaires récentes en complément

De même, du fait de l'évolution de l'internet et tout particulièrement des réseaux sociaux, le législateur, ainsi que l'Union Européenne, ont commencé à s'emparer du sujet. Le cadre juridique se durcit et vient s'attaquer au sujet de la sécurité des utilisateurs.

Une première illustration est le RGPD émis en 2018 et qui a une portée européenne.

Applicable en 2023, le Digital Service Act (DSA) est un règlement qui s'adresse à tous les intermédiaires en ligne et qui établit un ensemble de règles en vue de responsabiliser les plateformes numériques quant aux risques induits par la diffusion de contenus ou produits illicites. Cette législation succédera à la Directive dite e-commerce du 8 juin 2000.

Le Digital Market Act (DMA) vient compléter l'arsenal législatif qui se met en place. Il a été voté par le Parlement européen le 5 juillet 2022 et approuvé par le

Conseil de l'Union Européenne en juillet 2022. De même que le DSA, il entrera en application en 2023. Les premiers acteurs visés par ce règlement sont les GAFAM. Le DMA a pour objectif de corriger les déséquilibres créés par la « suprématie » des GAFAM et d'éviter toute pratique anticoncurrentielle.

Sur le plan mondial, l'UE, les États-Unis et plusieurs autres États ont adopté, le 28 avril 2022, une « déclaration pour l'avenir de l'internet ». Il s'agit d'une charte qui n'a pas de valeur juridique, mais qui illustre la volonté des États d'encadrer et de sécuriser le monde du Web2. Cette charte a été signée par 60 pays.

Ainsi, le cadre réglementaire évolue et permettra dès 2023 d'appréhender au mieux les enjeux juridiques du métavers tel qu'on le connaît aujourd'hui.

Les évolutions à venir de ces mondes virtuels nécessiteront sans aucun doute, dans un futur proche, des ajustements complémentaires.

De même, certains aspects réglementaires n'ont pas été à ce jour abordés : qu'en est-il, par exemple, de la fiscalité attachée aux transactions de biens immatériels dans le métavers ?

▶ Un code de bonne conduite, comme socle de sécurisation juridique

Un code de bonne conduite émis par les éditeurs des mondes métavers pourrait être, à court terme, une bonne réponse à la nécessité de sécuriser, d'apporter de la transparence, d'assurer la traçabilité des transactions et de limiter les actes illicites.

En effet, faire évoluer la loi prend du temps. La difficulté est amplifiée par le caractère international du métavers et à la problématique de compétence juridictionnelle dans un monde international.

Une auto-régulation des univers métavers semble un ingrédient indispensable à l'évolution du métavers dans les prochains mois.

2. Levée de fonds et métavers

2.1 Comment financer son entreprise dans le métavers ?

▶ Le modèle de financement traditionnel

Lorsqu'il s'agit de se financer, toute startup, avant de commencer à présenter son projet à différents investisseurs, doit établir clairement la somme d'argent dont elle a besoin, quel type d'entreprise elle souhaite construire, à quel stade de développement elle se situe, quelles sont les implications des différents types de financement, etc.

Dès lors que son besoin est défini sur base d'un projet et d'une stratégie clairs, la *startup* entre dans le processus long et consommateur de temps qu'est la levée de fonds. Ce processus est relativement normé et nécessite la constitution de différents documents, à la fois pour présenter le dossier, le fameux deck, et pour mener les investigations lors de la due diligence. Elle constitue alors une *data room*.

Dans le monde du financement traditionnel, la *startup* se tourne vers un panel d'investisseurs. Chaque catégorie d'investisseurs intervient à un niveau de maturité du projet, comme l'illustre le tableau ci-dessous.

Principales options de financement des startups en fonction de leur stade de maturité

Étapes	Challenge	Qui	Montant
Idée / Pre-seed	Concept et premiers développements	Friends and family Crowdfunding Business Angels Venture Capital	< 3 M€
Seed	Lancement du produit et première traction	Business Angels Venture Capital	De 1 à 5 M€
Série A	Product market fit Business model éprouvé CAC maîtrisé	Business Angels Venture Capital early stage	De 5 à 20 M€
Séries B, C	Scaling du business model	Venture Capital et Private Equity	De 10 à 250 M€
Pre-IPO	Expansion sur de nouveaux marchés, acquisition, préparation d'IPO	Venture Capital et Private Equity	250 M€ à 2 B€
IPO	Scaling sur de nouveaux marchés, expansion globale	Venture Capital et Private Equity Introduction en bourse	500 M€ et +

Ce type d'investisseurs apportent un financement en contrepartie d'une prise de participation dans le capital de la *startup*. On parle de financement dilutif. Les standards de dilution du marché sont les suivants :

Étapes	Pré-dilution du round
Pre-seed et seed	15-25 %
Série A	20-25 %
Autres rounds	5–15 %

L'objectif est d'alimenter l'entreprise en cash pour qu'elle puisse continuer son développement et même l'accélérer, et ce sans désaligner les fondateurs. Tout désalignement conduirait à l'échec de la *startup*. Le choix de l'investisseur est donc clé.

▶ L'opportunité ICO pour le financement d'un projet

l'ICO, *Initial Coin Offering*, constitue une nouvelle manière de lever des fonds. Dans son appellation, elle fait écho à l'IPO, *Initial Public Offering*.

Les *startups* de l'environnement numérique, tout particulièrement les acteurs de la *blockchain* ou les projets fondés sur la *blockhain*, ont recours à ce type de financement.

EX

Le protocole TEZOS, qui permet la programmation de smart contracts, a été financé en 2017 par ICO. La levée de fonds s'est établie à 200 millions de dollars.

L'ICO consiste en l'émission d'actifs numériques, appelés *tokens* ou jetons, échangeables contre des cryptomonnaies. Les jetons peuvent être de deux natures :

- **Les security tokens ou equity tokens** : ils permettent, en échange de cryptomonnaie, l'acquisition de parts de capital de la même manière que lors d'une levée de fonds traditionnelle ;
- **Les utility tokens**, des jetons acquis en échange de cryptomonnaies, qui confèrent un droit d'usage du produit ou du service développé par la *startup*. Dans ce cas, contrairement au financement traditionnel, les *utility tokens* ne donnent pas droit à des parts de capital et constituent donc un financement non dilutif.

Les ICOs constituent une nouvelle forme de financement participatif, dans la mesure où elles font appel à un financement de plusieurs acteurs, de la même manière que le *crowdfunding*.

CAS PRATIQUE

Faisons un parallèle pour permettre la compréhension du mécanisme de l'ICO.

Imaginez que vous êtes un fournisseur de machines à café. Pour utiliser votre machine, les consommateurs ont besoin d'un jeton qui va permettre de mettre en route cette machine et d'obtenir votre café. Ce jeton, c'est ce que l'on appelle maintenant dans le monde de l'ICO, un token.

La machine à café, c'est ce que fabrique votre entreprise. C'est un produit ou un service dans le cadre d'une ICO émettant des utility tokens.

Le jeton, c'est le moyen d'acheter ce produit ou ce service. Le jeton à insérer dans la machine à café a été obtenu en contrepartie du paiement du café. De même, le token se transforme en monnaie par la simple opération de le mettre en bourse et de le soumettre à l'offre et la demande.

Les technologies blockchain permettent la fabrication du token, de la même manière qu'il y a un émetteur de jeton et un processus d'émission pour le jeton de la machine à café.

La focalisation sur l'ICO comme outil de levée de fonds a été forte depuis maintenant plus d'un an. Pour rappel, ce sont plus de 25 milliards de dollars qui ont été levés avec environ 3 000 ICOs dans le monde.

Mais cela n'est qu'une partie émergée de l'iceberg car beaucoup d'ICOs ne vont pas à leur terme, soit par non achat des *tokens*, soit par souscription initiale (ou pre-sale ou pré-placement) qui dépasse le montant demandé et n'oblige pas à une ICO immédiate.

Le processus global compte quatre étapes distinctes :

1. La rédaction du white paper : le document rédigé sera disponible et consultable sur le site internet de l'ICO. Ce document présente le projet aux futurs investisseurs, le prix du *token*, leur régime juridique et fiscal, la structure juridique de l'ICO, etc. ;
2. La mise en place d'un *smart contract* : l'entrepreneur crée un « contrat intelligent » qui reprend les termes du *white paper* sous forme de codes informatiques. Il s'agit d'un contrat qui sera exécuté via la technologie *blockchain* tout au long du processus de la levée de fonds ;
3. La mise à disposition d'un guide de portefeuilles pour les investisseurs : le leveur de fonds met à disposition des investisseurs, sur le site internet de l'ICO, un dispositif pour les guider dans la création de leur portefeuille de cryptomonnaies, sur lequel ils devront placer leurs cryptomonnaies pour souscrire à l'ICO ;
4. La réception des *tokens* par les investisseurs : via le *smart contract*, les investisseurs reçoivent automatiquement leurs jetons. La technologie *blockchain* permet en effet l'émission de *tokens* sans l'intervention d'une entité tierce.

Ce processus peut être schématisé comme suit (voir illustration 24 page suivante).

Les ICOs sont encadrées en France par la loi Pacte du 22 mai 2019, qui fixe le cadre juridique des émissions de jetons numériques. Elle impose également la mise en place de garanties afin de sécuriser les fonds levés.

La loi Pacte, dans son article 26, prévoit également l'émission de visas optionnels, gages de crédibilité, par l'Autorité des Marchés Financiers. L'AMF n'a pas vocation à contrôler la société émettrice. Ainsi, le visa porte uniquement sur l'offre de jeton. En revanche, l'AMF, en tant que régulateur, publie annuellement une liste noire des sociétés et sites frauduleux.

L'ICO présente des avantages indéniables.

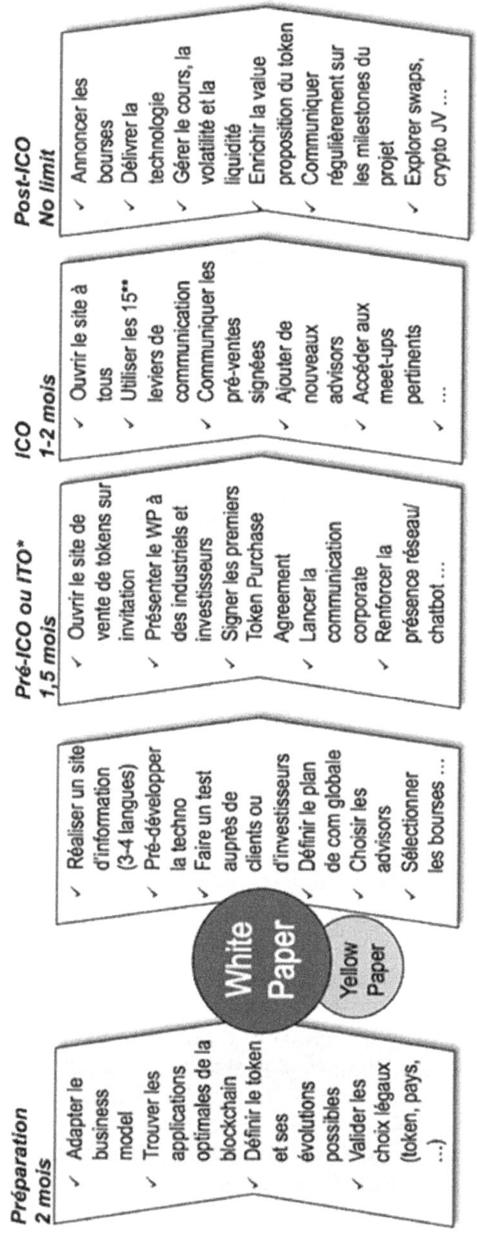

Illustration 24 - source : auteurs.

Pour la *startup* qui souhaite lever des fonds, elle apporte : rapidité, souplesse, moindres coûts, accès à un marché d'investisseurs international, capacité à lever des montants plus significatifs à une étape sur des projets encore en *early-stage*, parfois peu aboutis. Dans l'hypothèse d'une ICO avec émission d'*utility tokens*, elle permet d'éviter la dilution.

Pour l'investisseur, elle apporte une capacité de spéculation et, via les *utility tokens*, le bénéfice d'un produit ou d'un service.

La contrepartie est la volatilité et un risque de perte en capital, ainsi qu'un risque d'arnaque, qui a été particulièrement manifeste lors de la grande période 2017-2018 où plus de 90 % des projets n'ont pas vu le jour, la moitié pour des raisons de non-faisabilité technologique ou dissension au sein de l'équipe une fois l'argent collecté, l'autre moitié étant un départ à l'étranger et disparition pure et simple des instigateurs de la levée de fonds.

Encore aujourd'hui réservées aux sociétés numériques acteurs de la *blockchain*, on peut envisager un élargissement des ICOs en termes de secteurs émetteurs. L'ICO pourrait devenir un outil pour résoudre des situations spécifiques d'entreprise auquel le monde traditionnel des financiers n'apporte pas aujourd'hui de réponses satisfaisantes.

Ainsi, les cas d'application sont innombrables.

Les auteurs de ces lignes ont travaillé depuis 2015 à une soixantaine de projets qui ont permis le financement ou la simple mise en mouvement de multiples initiatives. Il ne s'agit pas de tous les détailler mais d'ouvrir la perception limitée et si restrictive des *tokens* aux NFTs d'objets d'art digitaux. Par exemple, dans le cas des arbres, le *token* est une tonne de CO_2 qui est associé à un stère de bois... ce qui permet d'en assurer la traçabilité et la valorisation en termes de capture du CO_2 avec la valorisation afférente.

2.2 Exemples

▶ L'ICO pour une transmission d'entreprise

C'est un drame silencieux qui est à l'œuvre tous les jours : de multiples petites sociétés ne trouvent pas de repreneurs et cessent leur activité. Les salariés pourraient être intéressés. Cependant, ils ne disposent pas des fonds nécessaires à la reprise et rencontrent des difficultés à convaincre les financeurs institutionnels tels que les banques.

Les *tokens* pourraient être une solution de mobilisation d'épargne locale, soit pour une entreprise spécifique à l'échelle locale, soit pour plusieurs sociétés à une échelle régionale. L'exemple d'un café, cas réel, est proche d'un *crowdfunding* ou de la mise en place d'un club avec places attitrées... au bar pour les acheteurs de *tokens*.

▶ L'ICO pour recapitaliser une entreprise

C'est le cas de beaucoup d'entreprises en France, qui n'ont pas suffisamment de fonds propres pour faire face à des difficultés temporaires, à l'effet ciseau lié au développement de nouveaux marchés ou à une croissance rapide. Une grande partie des faillites vient d'ailleurs de là. Au contraire d'une augmentation de capital pour injecter de l'argent frais dans l'entreprise, c'est une prévente des produits ou services de l'entreprise à des acheteurs/investisseurs qui a lieu, avec une conséquence directe sur la non dilution des actionnaires actuels.

▶ L'ICO permet le rachat de l'entreprise par le management (LMBO)

Ce cas est apparu lors d'une discussion avec le Comité Exécutif d'une grande entreprise de distribution. En allant au fond du problème, présenté comme une simple levée de fonds, nous nous sommes aperçus que le besoin financier pour le développement de l'entreprise ne pouvait plus être assuré par un fonds américain qui avait acheté cette même société. La question iconoclaste très directe a alors été posée : « votre produit s'y prête parfaitement, pourquoi ne pas faire une ICO et vous permettre de prendre le contrôle de l'entreprise ? »
En termes financiers, cela s'appelle un LMBO *(leverage management buy out)*, sans s'appuyer sur la dette mais sur une « titrisation » de la production à venir... La confidentialité requise nous empêche d'en dire plus sur les suites en cours.

▶ L'ICO pour protéger un brevet

En début d'année 2022, une entreprise dotée d'un brevet magnifique était en négociation avec un pays du Moyen-Orient pour une prise de participation majoritaire. L'apport d'argent a été envisagé sous la forme d'achat de *tokens* avec une double conséquence : une augmentation de la valeur de l'entreprise, et donc un maintien de la majorité du capital pour les actionnaires fondateurs. Recommandation a été faite à Jean-Pierre Landau de proposer dans son rapport des *tokens* de brevet et même une bourse de *tokens* de brevets... mais la question initiale portait sur les cryptomonnaies et pas sur la crypto-économie.

▶ Les tokens ou NFTs comme outil de rémunération spécifique

C'est le cas pour deux grandes entreprises du CAC 40. L'apport financier n'est pas intéressant pour ces entreprises, qui ont accès à tout le financement nécessaire. En revanche, l'attractivité de l'ICO est forte pour plusieurs raisons :
- rémunération spécifique pour les porteurs du projet ;
- motivation supplémentaire pour les distributeurs du produit ou du service dans de multiples pays ;
- communication et diffusion internationale de la solution.

▶ De quoi l'ICO est-elle la manifestation ?

On sent bien que quelque chose de puissant est à l'œuvre derrière toutes ces nouvelles opportunités d'autofinancement ou de relation différente avec les financeurs, issus de tous les pays au monde. L'ICO, pour un gestionnaire d'entreprise, est une création locale de monnaie mise à disposition de ses clients ou de multiples investisseurs potentiels. On pourrait parler dans quelques cas de titrisation, comme David Bowie a pu le faire quand il a vendu sa création et l'ensemble des revenus qui en découlaient.

C'est, comme écrit il y a quelques temps, une nouvelle ère pour la finance mondiale qui s'est ouverte, celle de la crypto-économie. Avec une caractéristique qui donne un peu le vertige à chaque fois que l'on y pense ou regarde le phénomène avec des yeux neufs :

C'est la première fois dans l'histoire de l'humanité qu'une technologie fabrique elle-même sa propre monnaie.

3. Les investisseurs du métavers

Les premières organisations qui tireront parti des opportunités de collecte de fonds dans un métavers e-partageront deux caractéristiques clés :
- une tolérance au risque incroyablement élevée ;
- un accès à un haut niveau d'expertise technologique.

À quoi cette organisation pourrait-elle ressembler ? D'une part, il pourrait s'agir d'une organisation de base agile, dont les dirigeants ou les bénévoles ont une bonne connaissance des technologies. D'autre part, il pourrait s'agir de fonds dont une partie serait dédiée à l'innovation et ayant la capacité d'engager des équipes de développement de premier ordre.

Parmi les principaux fonds dans le monde investissant dans le métavers, il est possible de citer :

Nom	Thèse d'investissement
Verizon Ventures	Verizon Ventures est une filiale de Verizon, une société de communication spécialisée dans les services de voix, de données et de vidéo. Elle a été créée en 2000, après dix ans d'existence de Verizon, la société mère, en tant que branche d'investissement de Verizon. Jusqu'à présent, elle a investi dans StatusPRO, une entreprise de VR et de AR dans le domaine du sport, dans YBVR, une plateforme de distribution vidéo XR, dans un accord de partenariat avec Meta, en l'occurrence Verizon, et dans Entain Arm, une entreprise spécialisée dans le développement de métavers dans les domaines du sport et du divertissement.
Animoca	Si vous avez entendu parler de The Sandbox : voici la société mère, qui a donné naissance à cette entreprise de plus de 3 milliards de dollars de capitalisation boursière. Animoca est tellement intéressée par l'industrie de la blockchain qu'elle s'étend au métavers. Animoca Brands est une société de logiciels et de capital-risque créée par Yay Siu en 2014.
	En 2019, elle a lancé The Sandbox, qui est l'un des produits métavers les plus réussis. En ce qui concerne les investissements dans les métavers, elle a levé 359 millions de dollars pour construire un métavers ouvert cette année ; elle détient des participations dans plus de 150 entreprises liées aux NFTs et aux métavers comme OpenSea, Dapper Labs, Yield Guild Games, Star Atlas, Axie Infinity et Thetan Arena.
Play Ventures	Play Ventures est un acteur important dans le monde du capital-risque, notamment en ce qui concerne la blockchain. La société mondiale a mis de côté 75 millions de dollars pour le développement du jeu blockchain. Et bien sûr, cela va s'écouler sur le métavers. Depuis sa création en 2018, la marque d'investissement, basée à Singapour, a soutenu plus de 30 startups, de Trailblazer à MetaSoccer, en passant par Blackpool.

Nom	Thèse d'investissement
Hiro Capital	Société de capital-risque de premier plan qui a des projets pour le développement du métavers. Elle a été fondée par Luke Alvarez, Ian Livingstone et Cherry Freeman en 2018, et s'est aujourd'hui élevée au rang d'icône de l'économie du VC Web3. Hiro Capital a annoncé son premier fonds d'investissement de 130 millions de dollars en 2019 pour des développements dans les jeux et le métavers. 340 millions de dollars supplémentaires sont prévus sous forme d'investissements dans des tours d'amorçage et des tours de seed ou séries A pour des *startups* dans les e-sports, les plateformes de créateurs, le métavers et plus encore. Zwift, FitXR, Twin Suns, FVRV, et Flavourworks sont quelques-unes des entreprises qui ont bénéficié de l'aide de la société basée au Luxembourg.
Metaverse Ventures	L'objectif de Metaverse Ventures est d'investir « dans des entreprises qui créent des produits et des services pour Decentraland et le metavers décentralisé ». Decentraland est l'une des plateformes de métavers les plus populaires, construite sur la blockchain Ethereum. Metaverse Ventures pense que ce projet communautaire attire beaucoup d'attention et pourrait remplacer la structure actuelle des médias sociaux dans le monde. Ils ont donc décidé de devenir un investisseur important pour les entreprises qui arrivent sur la plateforme commeArtie, Vegas City, Decentral Games.
FOV Ventures	Fondé par Dave Haynes, un investisseur qui a travaillé avec HTC, créé trois startups dont SoundCloud, et Petri Rajahalme, ancien directeur général de Nordic XR Startups, et a reçu le prix de l'investisseur XR de l'année en 2019.
	FOV Ventures se concentre sur l'investissement dans les fondateurs qui construisent le métavers. La plus grande étape franchie par FOV Ventures est le fonds de 16 millions d'euros prévu pour aider les startups métavers en phase de démarrage.

Nom	Thèse d'investissement
Outlier Ventures	Outlier utilise une méthode unique et délibérée pour investir dans le monde du métavers. Chaque année, un groupe de fondateurs, d'investisseurs, de collectionneurs, de faiseurs de culture et d'anciens élèves sélectionnés, est invité à rejoindre leur partenariat réservé, qui a été établi en 2014. Grâce à ce processus, ces personnes deviennent des co-investisseurs dans les projets dans lesquels Outlier se lance. Les contributions comprennent le mentorat des fondateurs et des membres de l'équipe des projets, l'inclusion financière, les processus de développement commercial, et plus encore. Snoop Dogg, Sandeep Nailwal et Sébastien Borget sont quelques-uns des grands noms de l'équipe d'investisseurs de GameDAO et plus encore.
Boost VC	Adam Draper a fondé Boost VC pour aider les organisations innovantes à se développer en investissant dans leurs idées. Selon le site Web, le plan est d'investir 500 000 dollars dans des startups levant moins d'un million de dollars, tout en ciblant une évaluation de pré-amorçage entre 3 et 7 millions de dollars. Bien qu'elle ait abandonné des entreprises comme Coinbase, Etherscan et Alta, elle se concentre sur Aragon, FitXR, SideQuest, 3DLook et Drapr.
Fabric Ventures	Fabric Ventures a étendu ses réseaux dans Decentraland, Near, Sky Mavis, YieldGuide, Immutable X, et Cryptoarthouse en tant qu'investisseur. Sa mission est de soutenir les bâtisseurs de l'économie ouverte. Fabric Ventures croit fermement à la décentralisation et au changement d'orientation de la plupart des développements logiciels. Il s'agit de donner la liberté, le pouvoir et la propriété aux gens. C'est pourquoi le soutien aux projets visant à construire le métavers est une étape essentielle pour l'organisation.
Liberty City Ventures	Voici une société de capital-risque qui s'est lancée dans l'investissement et qui a incubé deux licornes blockchain : Paxos et Lukka. La firme a plus de 1,2 milliard de dollars d'actifs dans son portefeuille de gestion.

Nom	Thèse d'investissement
	Selon le site Web, la société de capital-risque investit dans des startups qui sont inter-disruptives, en se concentrant sur la technologie, les médias et le commerce. Ces entreprises comprennent Everyrealm, Animoca Brand, Lukka et Tiny Rebel Games.
GameFi Capital	GameFi Capital se concentre sur le continent asiatique, comme l'indique son site Web. Il vise à fournir un soutien financier, un bon aperçu des investissements ainsi qu'une éducation, pour produire des partenaires prospères. Cet objectif sera atteint en atténuant les risques pour les investisseurs dans l'espace blockchain, et en soutenant la recherche et l'analyse, en particulier pour les projets de cryptomonnaies et de jeux dans l'industrie blockchain. Monster Galaxy, Battle Saga, Metamall, Omniverse, Dopewarz, Script.TV, Affyn, et GeoPoly, sont quelques-uns des projets qui ont reçu le soutien de GameFi Capital. Square Labs, Sfermion, BITKRAFT VC, Ball Metaverse Research Partners, Unlock Venture Partners, Ascend, Bloccelerate VC, Madrona Venture Group, Genblock Capital, Lupa X Capital, Metapurse Fund et Moonwhale Ventures sont d'autres sociétés de capital-risque qui ont investi dans d'autres projets de métavers.

4. Et l'assurance dans ce nouveau mode de financement ?

Aujourd'hui, bien qu'actif, le marché des opérations de levées de fonds réalisées dans le monde de l'assurance reste cantonné au mode de financement traditionnel, quand bien même il concerne des nouveaux acteurs tels que des *insurtechs* ou des actifs fondés sur quatre sous-thèmes représentatifs des différents aspects du métavers : les jeux, la socialisation, le travail et les infrastructures technologiques, si on reprend l'exemple cité précédemment d'AXA IM.

De même, les règles de Solvabilité 2 n'incitent pas les assureurs à placer dans leur portefeuille des actifs en cryptomonnaies ou à participer à une ICO. Outre le coût en capital que cela pourrait représenter, ces actifs sont très volatiles. Or, les assureurs présentent une forte aversion à la volatilité.

Aujourd'hui, les assureurs se positionnent, au regard du métavers, sur les améliorations de la chaîne de valeur et de l'expérience client, qui ont vocation à fidéliser la clientèle existante et à attirer de nouveaux clients.

5. Les perspectives d'avenir

5.1 L'avenir à un an

Selon Binance, nous serons passés de 350 millions de *wallets* à 1 milliard de *wallets* d'ici à un an. C'est donc un marché considérable qui s'ouvre sur ces nouveaux environnements virtuels et une opportunité de développement à la fois commerciale, d'image, ainsi que d'amélioration de la chaîne de valeur.

En tant qu'entreprise, l'utilisation de ces nouvelles technologies vous est indispensable pour vous assurer un succès futur, faire percevoir votre valeur à vos clients, être en phase avec les nouveaux besoins générationnels ultra-connectés.

Le métavers devient un nouveau levier pour vous permettre de booster votre image de marque tout en engageant votre communauté de manière innovante et la fidéliser.

Développer auprès de vos clients une nouvelle façon de vivre le Web en vous positionnant comme un *early adopter*, conquérant par la même occasion un avantage de taille pour le futur.

Une étude récente d'Accenture rapporte que les investissements technologiques générés par des leaders durant la pandémie sont cinq fois plus performants que les entreprises retardataires. Certaines entreprises l'ont par ailleurs bien compris et ont ainsi décidé de franchir le pas et de saisir leur chance.

Cela vaut également pour le secteur de l'assurance, qui voit de très nombreuses demandes de clients pour utiliser ces *wallets* pour stocker leurs données numériques d'assurance (polices, justificatifs, *claims*) et sont en attente d'une véritable politique Web3 des assureurs, utilisant les codes et pratiques du métavers (*rewards, play to earn*, etc.).

Le marché du Web3 est donc un autre canal de distribution d'assurance, en même temps qu'un nouveau marché pour capter les 15-25 ans.

Être Web3 n'est plus un choix stratégique pour l'assureur, mais une approche qui devient grand public. Mettre un pied dans le métavers dès maintenant pour ne pas le regretter plus tard : un risque qui vaut visiblement la peine d'être pris !

5.2 L'avenir à 5 ans, ou comment l'assureur peut devenir un opérateur de confiance locale

Au cours des prochaines années, le secteur assurantiel va poursuivre sa mutation. C'est une nécessité de transformation imposée par les évolutions du marché et les attentes des consommateurs. Cela passe notamment par l'élargissement de son offre, par la digitalisation de ses processus, par une ouverture à un écosystème partenaire.

Les acteurs traditionnels font face à une concurrence accrue, du fait de l'arrivée sur le marché de nouveaux acteurs tels que les *insurtechs* et les *fintechs*.

En réponse à ce contexte, les assureurs n'ont pas d'autre choix que de saisir de nouvelles opportunités, d'être encore plus centrés sur le client et de lui apporter une offre de plus en plus personnalisée. Cela passe par la mise en place de partenariats, le développement d'offres globales comprenant des produits d'assurance et non assurance, afin de couvrir le besoin de l'assuré dans son entièreté, par l'amélioration du traitement du dossier assuré sur l'ensemble de la vie du contrat.

Le métavers est en cela une véritable opportunité pour les assureurs, en tant qu'environnement ouvert facilitateur de transformation :

- source massive de croissance, il apporte un volume de clients potentiels via un nouveau réseau de distribution et la possibilité de nouveaux produits d'assurance adaptés au monde numérique ;
- système d'échanges, il devrait faciliter le fonctionnement des partenariats et l'échange de données qu'implique l'écosystème ;
- fondé sur la technologie *blockhain* et les NFTs, il devrait permettre l'amélioration du suivi du dossier assuré.

À horizon 5 ans et compte tenu de ces enjeux, les assureurs devraient avoir pu saisir les opportunités qu'apportent le métavers pour continuer leur mue.

L'assureur, sous sa présence locale d'agent général d'assurance (AGA) ou de courtier, peut devenir un opérateur de confiance locale, en mettant à disposition et en opérant la gestion des litiges, un système simple d'échange de biens, de productions, d'énergie, de temps, de compétences. Cela débouche là aussi sur des vocables originaux comme crypto-saucisson ou crypto-location, mais manifeste aussi une action volontariste dans une activité sociale et solidaire toujours plus nécessaire par les temps tumultueux qui s'annoncent.

5.3 Vision à 10 ans pour le secteur de l'assurance

Pour donner cette profondeur de perspective pour le secteur de l'assurance, il est utile de faire un bref retour dans le passé au moment de l'arrivée de l'internet et de nouveaux acteurs tels qu'Amazon, Facebook, Google, Apple.

Le marché de l'assurance avait eu du mal à croire au potentiel de développement de l'internet et peu en ont, en avance de phase, saisi le train. Peu y ont vu le potentiel commercial associé, l'avance à prendre sur la concurrence, l'évolution possible de la relation avec le client, comme l'avant-vente en support des agents généraux.

Aujourd'hui, avec l'avènement du métavers, on observe d'une certaine manière la même prudence face aux perspectives d'évolution qu'affiche aujourd'hui ce dernier.

Le consommateur évolue et devient plus « actif » ou « acteur ». C'est déjà un peu le cas avec le développement des réseaux sociaux. Il influe sur l'évolution d'une marque, d'un produit, au travers de ces réseaux. Mais bien plus que cela, c'est possesseur qu'il devient. L'acheteur d'un NFT de Nike à une version unique de la marque. L'acheteur d'un NFT de film possède un bout, une image de ce film qui va de plus lui rapporter de l'argent s'il est associé aux résultats du film.

L'enjeu des assureurs est de s'adapter à ce changement, d'adapter leur offre ainsi que leur relation client, étant entendu que ce changement devrait s'amplifier dans le métavers. D'un assureur observateur du métavers (perspective à 1 an), à un assureur en mutation (perspective à 5 ans), l'assureur devient un innovateur (notamment par la création de nouveaux produits), utilisant la puissance du métavers et des outils associés pour offrir une nouvelle proposition de valeur, apporter une nouvelle expérience client et être au cœur de la vie de son assuré.

EX

Voici quelques exemples d'innovations possibles :

1. Dans le cas de l'assurance-dommage, c'est le ratio S/P (sinistre sur prime) qui est l'élément central pour la définition du prix de la prestation de couverture du risque par l'assureur. Un renversement est possible en transformant cette souscription en investissement : le client achète un NFT qui lui donne une option de couverture de sinistre. Au cas où il n'y a pas de sinistre au bout d'un certain temps, ce NFT est converti en compte-épargne.

2. Une autre approche, plus collaborative, peut être apportée par des couvertures collectives, qui se sourcent dans l'approche DAO initiée par la blockchain : comme pour une mutuelle, mais à un niveau plus local, les différents achats de NFTs peuvent être connectés les uns avec les autres. En cas de sinistre de l'un des acheteurs ou souscripteurs, c'est l'ensemble de la communauté qui voit la valeur de ses NFTs diminuer. Cela crée une solidarité nouvelle et une logique d'entraide, qui ne demande qu'à être activées. Une manière de revenir à l'origine de l'assurance, une forme de tontine moderne.

IDÉES CLÉS

- **Le métavers est un domaine majeur d'afflux de capitaux.**
- **Le cadre juridique est encore instable et pose de nombreux défis.**
- **Les plus gros impacts du métavers sont à venir dans les prochaines années.** ■

Le quizz du métavers

Rien de mieux qu'un petit questionnaire pour tester vos connaissances en métavers après la lecture de cet ouvrage.

Nous vous invitons à prendre un crayon, une feuille de papier ou à ouvrir votre ordinateur pour réfléchir aux questions. N'hésitez pas à nous partager vos réflexions. Cet ouvrage est une matière vivante qui a vocation à stimuler la réflexion. En somme, c'est un point de départ, pas d'arrivée.

1. Questions concernant le chapitre 1

Numéro des questions	Questions	Votre avis
1	Le métavers, est-ce de la science-fiction ?	
2	Le métavers est-il réel ?	
3	Qu'est-ce que la *blockchain* ?	
4	Le Web3 est-il différent du métavers ?	
5	D'où vient le métavers ?	
6	Qu'est-ce que le métavers de Facebook ?	
7	Apple propose-t-il un métavers ?	
8	Cryptomonnaies et métavers, est-ce pareil ?	
9	Est-ce que le métavers s'apprend ?	
10	Quelle est la différence entre Web1, Web2 et Web3 ?	

2. Questions concernant le chapitre 2

Numéro des questions	Questions	Votre avis
1	Donnez la définition d'un NFT	
2	Qu'est-ce que Decentraland ?	
3	Qu'est-ce que The Sandbox ?	
4	Google est-il dans le métavers ?	
5	Le métavers peut-il soigner ?	

3. Questions concernant le chapitre 3

Numéro des questions	Questions	Votre avis
1	Citez trois nouveaux métiers dans le métavers	
2	Quelles sont les formations possibles dans le métavers ?	
3	Quel est le salaire proposé aux développeurs de Roblox ?	
4	Notez votre résolution pour vous former au métavers	
5	Quelle serait votre projet de création dans le métavers ?	

4. Questions concernant le chapitre 4

Numéro des questions	Questions	Votre avis
1	Citez trois domaines d'expertise dans l'assurance impactés par le métavers	
2	Citez un *use case* en France	
3	Citez un *use case* en Europe	
4	Citez un *use case* dans le monde	
5	Quel serait, selon-vous, un *use case* utile au secteur de l'assurance ?	

5. Questions concernant le chapitre 5

Numéro des questions	Questions	Votre avis
1	Qui sont les principaux investisseurs du métavers ?	
2	Quelles sont les étapes d'une levée de fonds ?	
3	Comment éviter la dilution lors d'une levée de fonds ?	
4	Quelle est votre vision du métavers à 1 an ?	
5	Quelle est votre vision du métavers à 10 ans ?	

Glossaire des mots clés

Blockchain : la technologie sous-jacente qui permet de transférer des données (convenues et enregistrées) et des actifs numériques, sans contrepartie centrale, via la technologie du grand livre distribué.

Decentralized autonomous organization (DAO) : un groupe de personnes qui acceptent de suivre un ensemble de règles codées sur la *blockchain* ; les décisions sont prises collectivement (par exemple, via des jetons de gouvernance qui confèrent des droits de vote).

DeFi : les services financiers (par exemple, les paiements, les prêts, les échanges) qui sont fournis à l'aide de contrats intelligents, sans dépendre d'intermédiaires centralisés.

CDO : directeur de l'innovation, Chief Digital Officer.

Jumeau numérique : le jumeau numérique désigne une représentation virtuelle d'un objet ou d'un aspect de la vie réelle. En ce sens, le métavers est fascinant car vous pouvez être qui vous voulez. Un avatar vous représente, et ce personnage en ligne peut, soit imiter vos caractéristiques physiques, soit prendre une forme complètement différente.

MAP : carte, par exemple d'un métavers.

Merchandiser : spécialiste de la vente en rayons. Il en existe en physique et dans le métavers.

Métavers : un environnement numérique simulé, qui intègre la réalité virtuelle, la réalité augmentée et la *blockchain*.

Mineurs : individus ou organisations qui approuvent les transactions de la *blockchain*.

MMO : le métavers reflète la réalité, le MMO ou massive multiplayer online est un monde virtuel pour les jeux vidéos.

Monnaies digitales : les crypto-monnaies, telles que les *bitcoins*, les *stablecoins* et les monnaies numériques des banques centrales (CBDC).

Monde-miroir : le métavers offre des environnements 3D via des casques, des lunettes et des montres connectées. Par conséquent, le métavers est à la fois un miroir de la réalité et un nouvel univers, permettant la création d'une réalité avancée avec des scénarios innovants. Les experts appellent cette copie numérique de la réalité le « monde-miroir ».

NFTs (Non-fungible tokens) : jetons uniques stockés sur la *blockchain*, qui représentent un actif numérique ou physique, avec des codes d'identification et des métadonnées uniques (par exemple, propriété, art, billet d'événement, droits de gouvernance, action de société).

OC : collection proposée par Opensea.

Oracles : apportent des données de tiers ou du monde réel sur la *blockchain*, permettant ainsi l'exécution de contrats intelligents.

Réalité mixte : la technologie de réalité mixte (RM), qui combine la VR et la AR, permet une immersion totale dans le métavers. Les utilisateurs peuvent interagir avec des objets virtuels et physiques, et les objets numériques peuvent communiquer avec les deux.
Dans la VR, l'engagement total dans le monde numérique est possible grâce à une paire de lunettes spéciales ou à un casque. Une simulation de montagnes russes procure une sensation similaire. Dans l'AR, une superposition numérique projette des images et des graphiques sur le monde réel. Pokémon Go est un excellent exemple d'AR, où les personnages sont capturés dans des environnements réels.

RPG : Role Playing Game ou jeux de rôles.

Retail : distribution physique.

SEO : Search Engine Optimization ou optimisation pour les moteurs de recherche.

Smart contracts : des contrats dont les termes de l'accord entre l'acheteur et le vendeur sont directement inscrits dans un code, qui peut être automatisé pour être « auto-exécutoire ».

Web3 organizations : les entreprises qui lancent des activités liées aux actifs numériques (par exemple, mineurs de *bitcoins*, émetteurs de *stablecoins*, fournisseurs de plateformes DeFi), y compris les organisations autonomes décentralisées.

Le manifeste de France Meta

C'est là et maintenant.

Un seul candidat évoquant le métavers à l'élection présidentielle et pourtant, comme pour les moteurs de recherche en 1999, le *e-commerce* en 2004 ou le *cloud* en 2008, tellement de devenirs pour la France sont en gestation.

C'est là et maintenant que le Web3 est en train de se définir. Chacun y va de sa définition, les livres blancs ne vont pas tarder à fleurir, les interviews sur les plateaux vont se multiplier... et une impression de flou persistant car ce concept est en cours de fabrication collective.

Et c'est ici et maintenant que le métavers pose ses fondations. Pour cette raison, les deux fondateurs de France Meta, Pierre et Emmanuel, ont été à Dubaï le 7 mars 2022 pour comprendre, penser et vous représenter sur les lignes fortes qui s'écrivent sous nos pas, à tous.

Le mot « collectif » est lâché. Les pierres de l'édifice sont en cours d'ajustement. L'une d'entre elles s'appelle « métavers ». Mark Zuckerberg a donné sa définition, une sorte de Second Life ressuscité et dopé par des lunettes 3D, avec en plus une mise en avant personnelle et « avatardisée ». C'est la démarche normale d'un GAFA qui tente le paramétrage centralisé de cette vague technologique et sociale.

Nous pensons différemment. Nous ne souhaitons pas laisser à d'autres la primauté.

Nos convictions sont « vent debout » contre cette centralisation rampante et quelques lignes de force illustrent un devenir tout autre : « les multiples » métavers et non pas « les quelques » métavers :

1. Chacun aura d'ici un an son métavers. Cela s'est produit pour le PC quand il s'est appelé *Personal Computer* au début des années 1980. En réaction d'ailleurs à la centralisation de l'informatique, les « mainframes » à l'époque même si le « départemental » avait initié le mouvement. Démarche iden-

tique pour les sites internet qui étaient l'apanage des sociétés en 1994... puis celui de chacun dans les années 2000 mais avec une récupération sous forme de page personnelle par Facebook et consorts.
2. Chaque collectif aura son métavers. Que ce soit une famille, un service, une association, une PME, une *startup*, une commune... le métavers sera un des endroits privilégiés, privés ou pas, pour échanger, partager, converser, construire... avec tous les outils déjà à disposition et ceux permis par les *blockchains*. Et tous ces métavers seront connectés les uns avec les autres, par des lieux de téléportation si vous êtes fan de Star Trek ou des cabines téléphoniques si Matrix vous habite.
3. L'ère du « consossesseur » est là. Le mot n'est pas beau, contraction de Consommateur-Possesseur. Car la *blockchain*, en gestation et POC (Proof of concepts ou tests de concepts) depuis 7 ans, permet maintenant de générer des propriétés digitales très facilement. La « tokenisation » et maintenant les NFTs sont depuis un an la partie la plus visible. Mais la véritable fonctionnalité, qui change tout, est l'échange de pair à pair (ou P2P), ce transfert de propriété de personne à personne qui est en phase, et même résonne fortement, avec l'économie circulaire, solidaire, de partage, de troc... si nécessaire par période difficile.
4. La DAO est permise par cette multiplicité de métavers. DAO pour « decentralized autonomous organization » : organisation distribuée ou décentralisée. C'est l'outil démocratique par excellence qui permet de définir localement une constitution et de la mettre en œuvre à l'échelle d'un macro-métavers ou d'un micro et même nano-métavers. La démocratie multi-niveaux est en train de s'esquisser là, pour permettre d'avoir un vote utile, avec un impact visible, à son niveau et redonner une motivation d'action visible.

Vous sentez bien maintenant, nous espérons, la nature de l'association que nous mettons en place. Ce n'est pas un « think tank » mais bien plus un « act tank ». Et un *act tank* d'utilité publique car il va proposer des solutions concrètes et répondre aux questions qui ne se posent pas encore en ces termes comme « comment créer son métavers en 2 heures ? » ou « quel outil de gouvernance pour 10, 100, 1 000 ou plus de membres ? ».

Nous concevons l'association comme un laboratoire, « eat your own food » qui est vivant, et un lieu d'expérimentation et diffusion de solutions pratiques et concrètes.

Là aussi de multiples points singuliers comme, par exemple :

Il n'y aura pas de bureau si cher aux 1,2 million d'associations en France (record mondial) pour éviter toute lourdeur et empêcher la vitesse opérationnelle dont on a besoin dans un environnement à mutation rapide.

Les expertises et bonnes volontés auront leur part d'un métavers ou un autre pour échanger, produire, recommander... et chacun aura sa salle de téléportation ou de conférence commune avec les autres.

Nous allons finir par une mauvaise et une bonne nouvelle.

La mauvaise nouvelle est que l'ensemble (*blockchains*, NFT, métavers, DAO, Web3...) n'est qu'à 1 % de son développement. La bonne nouvelle est qu'il reste 99 % à imaginer et construire.

Ensemble.

Emmanuel Moyrand et Pierre Paperon

Index alphabétique

INFOPRO digital

Le groupe Infopro Digital, certifié ISO 14001,
est engagé dans une démarche environnementale.
Cet ouvrage est imprimé en France sur un papier issu de forêts gérées durablement.

Achevé d'imprimer sur les presses de l'imprimerie
SEPEC NUMERIQUE - 01960 Péronnas

PEFC **10-31-3532 / Certifié PEFC** / Ce produit est issu de forêts gérées durablement et de sources contrôlées. / pefc-france.org

Dépôt légal : novembre 2022